Le but de cet opuscule est de rappeler la part que la ville de Dole a prise, en plusieurs circonstances, à la glorification de Pasteur.

L. Pasteur

A

PASTEUR

HOMMAGES DE DOLE

SA VILLE NATALE

14 Juillet 1883 — 27 Décembre 1892

ET

INAUGURATION

DE

SON MONUMENT

LE 3 AOUT 1902

DOLE
IMPRIMERIE COURBE-ROUZET
1903

LE BERCEAU DE PASTEUR

En ce qui concerne le lieu où il est né, le doute régna d'abord assez longtemps dans les esprits. Pasteur avait l'habitude d'aller passer, avec les siens, ses moments de loisir à Arbois, qui fut de longues années la résidence de ses parents. C'est pourquoi l'on était assez volontiers disposé à croire que cette petite ville fut le lieu de sa naissance.

En 1857, le bibliothécaire de la ville de Dole, M. Pallu, dont l'esprit était toujours en éveil sur tout ce qui pouvait intéresser notre région, s'adressa à M. Pasteur lui-même pour éclaircir le fait, et voici la réponse qu'il en reçut :

ÉCOLE NORMALE SUPÉRIEURE — Paris, le 16 Décembre 1857.

« Monsieur le Bibliothécaire,

« Je m'empresse de répondre à votre aimable lettre du 15 courant. C'est bien à Dole que je suis né, et non à Arbois où ma famille réside depuis bien des années. Mais je ne suis pas la personne qu'indique votre lettre. Les registres de l'état civil de votre ville vous feront connaître facilement (car j'ai eu souvent besoin d'y recourir pour des extraits de naissance) que je suis né le 27 décembre 1822, et que mes noms sont

Louis Pasteur. Je crois que ma famille a quitté Dole en 1824 ou 1825. — *Suit une rectification concernant un titre honorifique donné à Pasteur par la* Société Royale de Londres. *La lettre se termine par cette formule :*

« Veuillez agréer, Monsieur le Bibliothécaire, l'expression des sentiments les plus distingués de votre dévoué compatriote.

Louis PASTEUR,

Administrateur de l'Ecole Normale Supérieure,
Directeur des Etudes scientifiques. »

Cette lettre tranchait la difficulté ; mais, faute probablement d'une publicité suffisante, l'affirmation qu'elle contenait se perdit peu à peu dans l'esprit des contemporains. Il fallut, pour rappeler l'attention sur ce point, l'éclat de plus en plus grand de la renommée scientifique de Pasteur.

En 1882, la municipalité de Dole résolut de couper court à la légende qui donnait Arbois pour berceau au futur grand homme, et elle voulut sur ce fait désormais historique rétablir la vérité d'une façon solennelle et péremptoire. Elle n'eut pas de peine à retrouver dans les registres de l'état civil l'acte de naissance de Pasteur, et elle en fit tirer par la photographie de nombreuses reproductions.

En voici le libellé *in-extenso* :

Cent vingt-huit.

Du vingt-septième jour du mois de décembre, à cinq heures du soir, l'an mil huit cent vingt-deux,

Acte de naissance de Louis Pasteur, né à Dole, le présent jour, à deux heures du matin, fils du sieur Jean-Joseph Pasteur, tanneur,

Cent vingt huit

Du Vingt Septième jour du mois de Décembre à Cinq heures du Soir l'an mil huit cent vingt Deux.

ACTE DE NAISSANCE de Louis Pasteur — né à Dole le présent jour à Deux heures du matin fils du S.r jean joseph pasteur Tanneur domicilié à Dole ~~profession d~~ Légionnaire âgé de Trente un ans, et de D.e jeanne Etiennette ~~profession d~~ Roqui âgée de Vingt neuf ans, mariés.

Le Sexe de l'enfant a été reconnu être Masculin

Premier témoin, Pierre joseph ferreol Chatelain domicilié à Dole ~~profession d~~ Commis a la mairie de Dole âgé de Septante deux ans.

Second témoin, jean pierre françois Lambert domicilié à Dole ~~profession d~~ Rentier âgé de Soixante deux ans, sur la déclaration à nous faite par Le Dit S.r jean joseph Pasteur père Dudit Enfant qui a présenté l'enfant.

Lu aux parties, et constaté suivant la loi par nous, pierre françois palissard 1.er adjoint au ~~le~~ Maire de Dole par délégation faisant les fonctions d'Officier de l'état civil, soussigné avec lesdits témoins Et Le père Dudit enfant ~~[illegible]~~ le S.r Bourgeois Louis Cousin De L'enfant présent et soussigné

Chatelain

Velinow

Lambert Pasteur L. Bourgeois

Fac-similé de l'Acte de Naissance de LOUIS PASTEUR

Fac-similé de l'Acte de Baptême de LOUIS PASTEUR

Louis fils de Jean Joseph Pasteur Corroyeur et
de Jeanne Etiennette Roqui sa femme né le Vingt
Sept Decembre Mil huit Cent Vingt deux, a été
Baptisé le quinze Janvier Suivant, il a eu pour
parrain Louis Bourgeois, Marchand et pour
Marainne Désirée Claire Soussigné.

L Bourgeois fils ainé — Longré Curé

Paroisse de Dole (Jura) — Extrait du registre des Baptêmes de 1818 à 1825.

domicilié à Dole, légionnaire, âgé de trente-un ans, et de dame Jeanne-Etiennette Roqui, âgée de vingt-neuf ans, mariés.

Le sexe de l'enfant a été reconnu être masculin.

Premier témoin : Pierre-Joseph Ferreol Chatelain, domicilié à Dole, commis à la mairie de Dole, âgé de septante-trois ans ;

Second témoin : Jean-Pierre-François Lambert, domicilié à Dole, rentier, âgé de soixante-dix ans ;

Sur la déclaration à nous faite par ledit sieur Jean-Joseph Pasteur, père dudit enfant mâle, ci-présent, et lu aux parties, et constaté suivant la loi par nous, Pierre-François Pelissier, premier adjoint à M. le Maire de Dole, par délégation, faisant les fonctions d'Officier de l'état civil, soussigné, avec lesdits témoins et le père dudit enfant mâle et le sieur Bourgeois, Louis, cousin de l'enfant présent et soussigné.

CHATELAIN, LAMBERT, PELISSIER,
PASTEUR, L. BOURGEOIS.

Muni de ce document, le maire de Dole, M. Armand Poiffaut, à qui la ville doit tant d'embellissements et d'améliorations, proposa au Conseil municipal d'apposer une plaque commémorative sur la façade extérieure de la maison dans laquelle Pasteur est né, maison située à Dole, rue des Tanneurs, n° 43. La délibération, qui est du 27 septembre 1882, se termine ainsi :

« A l'unanimité, le Conseil s'associe à cette proposition, et désigne MM. Bolle, Ruffier et Billard, pour s'occuper de la forme à donner à cette plaque. »

Le 14 juillet 1883, la Fête Nationale emprunta un nouvel éclat aux brillantes cérémonies qui accompagnèrent l'inauguration de la statue de la *Paix*, sur la place Nationale, et celle de la plaque commémorative, dans la rue des Tanneurs. Cette dernière cérémonie fut particulièrement intéressante. Pasteur y assistait avec sa famille. Devant le petit monument, il prononça une allocution durant laquelle se produisit un incident fort émouvant. Nous laissons ici la parole au journal local qui a reproduit et le discours et l'incident.

DISCOURS DE PASTEUR

RUE DES TANNEURS

« Messieurs,

« Je suis profondément ému de l'honneur que me fait « la ville de Dole ; mais permettez-moi, tout en vous exprimant ma reconnaissance, de m'élever contre cet excès de « gloire. En m'accordant un hommage qui ne se rend qu'aux « morts illustres, vous empiétez trop vite sur le jugement de « la postérité.

« Ratifiera-t-elle votre décision, et n'auriez-vous pas dû, « Monsieur le Maire, prévenir prudemment le Conseil municipal de ne pas prendre une résolution aussi hâtive ?

« Mais après avoir protesté, Messieurs, contre les dehors « éclatants d'une admiration que je ne mérite pas, laissez-moi « vous dire que je suis touché et remué jusqu'au fond de « l'âme. Votre sympathie a réuni sur cette plaque commémorative les deux grandes choses qui ont fait à la fois la passion « et le charme de ma vie : l'amour de la science et le culte « du foyer paternel. »

INCIDENT

L'émotion de M. Pasteur est telle qu'il est obligé d'interrompre sa lecture ; des sanglots entrecoupent sa voix, des larmes s'échappent de ses yeux. L'assistance partage cette émotion.....

A deux reprises, M. Pasteur essaie de continuer son discours, mais il ne peut vaincre son émotion. Près de lui se trouvait son fils qui prit les feuillets du discours et donna lecture du texte ainsi conçu :

« Oh ! mon père et ma mère, oh ! mes chers disparus,
« qui avez si modestement vécu dans cette petite maison, c'est
« à vous que je dois tout !

« Tes enthousiasmes, ma vaillante mère, tu les as fait
« passer en moi. Si j'ai toujours associé la grandeur de la
« science à la grandeur de la patrie, c'est que j'étais imprégné
« des sentiments que tu m'avais inspirés. Et toi, mon cher
« père, dont la vie fut aussi rude que ton rude métier, tu m'as
« montré ce que peut faire la patience dans les longs efforts.
« C'est à toi que je dois la ténacité dans le travail quotidien.
« Non seulement tu avais les qualités persévérantes qui font
« les vies utiles, mais tu avais aussi l'admiration des grands
« hommes et des grandes choses. Regarder en haut, apprendre
« au-delà, chercher à s'élever toujours, voilà ce que tu m'as
« enseigné. Je te vois encore, après ta journée de labeur, lisant
« le soir quelque récit de bataille d'un de ces livres d'histoire
« contemporaine qui te rappelaient l'époque glorieuse dont tu

« avais été témoin. En m'apprenant à lire, tu avais le souci de « m'apprendre la grandeur de la France.

« Soyez bénis l'un et l'autre, mes chers parents, pour ce « que vous avez été, et laissez-moi vous reporter l'hommage « fait aujourd'hui à cette maison.

« Messieurs, je vous remercie de m'avoir permis de dire « bien haut ce que je pense depuis soixante ans. Je vous « remercie de cette fête et de votre accueil, et je remercie la « ville de Dole qui ne perd de vue aucun de ses enfants et qui « m'a gardé un tel souvenir. »

Au banquet qui suivit et qui eut lieu au foyer du théâtre, au milieu d'une nombreuse assistance d'élite, divers toasts furent portés par le Maire de Dole, M. Kaempfen, directeur des Beaux-Arts et délégué du Ministre de l'Instruction publique, M. Berniquet, préfet du Jura, etc. Pasteur y répondit par des paroles empreintes de la plus vive reconnaissance, et le banquet se termina par la lecture de quelques pièces de vers en l'honneur du savant, dues à trois poètes franc-comtois.

La presse locale rendit un compte détaillé de cette belle journée. Dès ce moment, le nom de Dole et celui de Pasteur étaient indissolublement unis dans l'histoire.

Peu de temps après, la rue des Tanneurs reçut le nom de *Rue Pasteur*, et la rue de l'Y, nouvellement percée et appelée d'abord *Rue du Général-Malet*, devint l'*Avenue Pasteur*. Dole multipliait ses hommages à son illustre et aimé compatriote.

Pour compléter ce qui vient d'être dit sur le berceau de Pasteur, on ne trouvera pas superflu d'y voir joindre son extrait de baptême. En voici la copie, extraite du registre au baptême de la paroisse de Dole, de 1818 à 1825. Nous en respectons l'orthographe :

Louis, fils de Jean-Joseph Pasteur, corroyeur, et de Jeanne-Etienette Rotier (sic), *sa femme, né le vingt-sept décembre mil huit cent vingt-deux, a été baptisé le quinze janvier suivant ; il a eu pour parrain Louis-Bourgeois Marchand, et pour marainne Désirée-Claire soussignés.*

L. Bourgeois, fils aîné. Lompré, Curé.

Pasteur fut extrêmement sensible à la réception que lui firent ses compatriotes dolois, le 14 juillet 1883. Il manifesta sa gratitude à plusieurs reprises par des libéralités considérables au Bureau de bienfaisance et par le don de son buste en marbre de Carrare, œuvre du grand sculpteur Perraud, que l'on peut voir à la bibliothèque de la ville.

Quelque temps après, le maire, M. Armand Poiffaut, ayant vu au Salon le portrait en pied de Pasteur peint par Lafon, fit une démarche auprès de M. Kæmpfen pour obtenir cette belle toile. M. Kæmpfen, en souvenir de son accueil reçu à Dole, fit acheter le portrait et l'envoya à M. Poiffaut, qui le reçut le 1er septembre 1884. Cette remarquable œuvre d'art orne la grande salle de la mairie.

LE JUBILÉ DE PASTEUR

L'anniversaire de la 70ᵉ année de Pasteur (27 décembre 1892) fut célébré, à Paris, par une fête qu'on a appelée le *Jubilé de Pasteur*. Cette cérémonie, unique dans les fastes de la science, a laissé dans la mémoire de ceux qui ont eu le bonheur d'y assister, un souvenir inoubliable. Elle avait lieu dans le grand amphithéâtre de la nouvelle Sorbonne. Jamais ne se vit un aussi grand nombre de célébrités réunies. Le Président de la République, M. Carnot, les Présidents du Sénat et de la Chambre des Députés, les Ministres, les Ambassadeurs, les Membres de l'Institut, les Facultés, les Délégués des Académies et des Sociétés de l'étranger, les Délégués nationaux, etc., etc., prirent part à cette apothéose du Savant français.

Après les discours d'apparat prononcés par les hauts personnages, vint l'appel des innombrables délégations qui devaient remettre les adresses dont elles étaient chargées. Nous laissons ici la parole au compte rendu de cette fête, récit en quelque sorte officiel, qui parut peu de temps après sous la forme d'un bel in-4°, édité par la maison Gauthier-Villars.

« Chaque délégué avait déposé devant la table de M. Pasteur l'adresse dont il était porteur, contenue dans un étui ou un écrin. Le Maire de la ville de Dole arrivait, tenant une sorte d'album qui reproduisait d'un côté le fac-similé de l'acte de naissance de Pasteur, et de l'autre la photographie de la petite maison où il est né. En remettant ce double et précieux souvenir, M. Ruffier lut l'adresse de la ville de Dole.

DISCOURS DE M. RUFFIER

AU JUBILÉ

« Auguste et vénéré Compatriote,

« Dole, qui vous a vu naître, sera fière d'avoir été associée « à cette imposante solennité, où tous les grands maîtres de la « science, français et étrangers, sont accourus, dans un élan « d'unanime admiration, pour acclamer son plus glorieux « enfant, pour célébrer en des termes magnifiques son œuvre « puissante qui est aujourd'hui l'honneur et la sauvegarde de « l'humanité.

« Nos humbles voix ne sauraient rien ajouter à ces éclatantes manifestations, qui retentiront longtemps encore dans « ce sanctuaire de la science, et vous feront cortège jusque « dans la postérité la plus éloignée. Cependant, nous vous « devons, nous devons à votre gloire, quoiqu'elle soit aujourd'hui sans limite, de proclamer combien, malgré la recherche « passionnée et exclusive de la vérité qui, chaque jour, à toute « heure, dominait votre pensée, vous avez su conserver, comme « un dépôt sacré, le culte du foyer paternel.

« Nous en avons été les témoins émus dans cette grande « journée du 14 juillet 1883, où votre vieille cité doloise, « toujours jalouse de la gloire de ses enfants, inaugurait cette

« modeste plaque commémorative de votre naissance, sur « l'humble maison où vos parents avaient vécu.

« Nous avons entendu avec quelles touchantes paroles vous « célébriez leurs rudes labeurs, leur inaltérable dévouement, « leurs qualités persévérantes qui font les vies utiles, leurs « enthousiasmes qui vous ont appris à confondre, dans un « même amour, la grandeur de la science et la grandeur de la « patrie; c'était à eux que votre piété filiale reportait tous les « hommages rendus à votre talent. Nous avons vu votre pro- « fonde émotion, vos pleurs et vos sanglots, entrecoupant votre « voix au souvenir de vos chers disparus; et cette religion de « la famille, encore si vivace et si entière après tant d'années « parcourues, nous a touchés jusqu'au fond de l'âme et nous a « laissé d'inoubliables souvenirs.

« C'est sous l'inspiration de ces sentiments si profondément « humains que nous vous apportons, à l'occasion de votre « soixante-dixième anniversaire, une reproduction photogra- « phiée de votre acte de naissance, où vous retrouverez la « signature de votre honorable père, et aussi l'image de cette « petite maison — comme vous vous plaisiez à l'appeler — « berceau de votre enfance, où vous avez vécu vos premiers « ans.

« Que cet hommage, si modeste qu'il soit auprès des riches « offrandes du corps savant, trouve auprès de vous un bien- « veillant accueil, et reste à vos yeux le témoignage de l'inalté- « rable et respectueuse affection que vous ont vouée vos conci- « toyens. »

Pendant tout ce discours, M. Pasteur resta le visage caché dans ses mains. Ceux qui vivent dans son intimité savent de quel culte il a honoré son père et sa mère. Leur image brusquement évoquée le fit fondre en larmes. Son émotion était si profonde que la salle tout entière la partagea.

L'allocution, il est bon de l'ajouter, emprunta une grande partie de son effet prodigieux à l'art consommé de diction dont fit preuve alors son auteur.

Parmi les adresses jurassiennes, on remarque celle du Conseil général qui était conçue en ces termes :

Lons-le-Saunier.

« Je suis heureux de vous envoyer le télégramme suivant : Les membres du *Conseil général du Jura*, en session extraordinaire, offrent à leur savant compatriote, Louis Pasteur, le témoignage de leur admiration, l'expression de leur profond respect et leur reconnaissance pour les services qu'il a rendus à l'humanité.

« Cette adresse, sur ma proposition, a été votée à l'unanimité.

Signé : Armand POIFFAUT. »

Cette adresse figure dans l'ouvrage cité plus haut parmi les télégrammes.

SOUSCRIPTION

POUR UN MONUMENT

Dole n'a pas borné là ses hommages à son glorieux fils. Du vivant même de Pasteur, quelques habitants parlaient déjà de lui élever une statue. L'intention était des plus louables, mais peut-être prématurée. La mort de l'illustre savant, survenue le 28 septembre 1895, suscita un élan général. Il n'y avait plus à hésiter.

Dans sa séance du lundi 7 octobre suivant, la Commission départementale, réunie à Lons-le-Saunier, décida, sur la demande de M. Pidoux, qu'elle proposerait au Conseil général le vote d'une somme de 2.000 fr. pour le monument que la ville de Dole se proposait d'élever à la gloire de Pasteur.

L'*Avenir du Jura,* dans son numéro du 12 octobre, proposait d'ouvrir une souscription publique, à la fois nationale et internationale, et ouvrait cette souscription dans ses bureaux, en faisant appel à ses abonnés, lecteurs et concitoyens.

Après le service funèbre célébré en l'honneur de l'illustre savant le dimanche 13 octobre, service auquel assistèrent toutes les autorités administratives, civiles et militaires de la cité, un

Comité d'initiative composé seulement de trois personnalités doloises : M. Pidoux, administrateur du Comptoir d'escompte et conseiller général du canton de Dole ; M. Palluy, président du Tribunal de commerce, et M. Richenet, professeur en retraite, agrégé de l'Université, avisa au moyen de mettre à exécution le projet d'élever à Pasteur, dans notre ville, un monument digne de lui. Il fallait d'abord constituer un Comité d'organisation. Le Comité d'initiative convoqua, à cet effet, les personnes dont la liste est ci-dessous, en adressant à chacune d'elles la circulaire suivante :

PROJET D'ÉRECTION D'UN MONUMENT A PASTEUR

Après les funérailles nationales faites à M. Pasteur, le Jura et surtout Dole qui fut son berceau, doivent songer, sans tarder, à élever à ce grand homme un monument durable en témoignage d'admiration et de reconnaissance.

Pour répondre au sentiment universel et au désir de beaucoup de personnes qui ont déjà offert spontanément de souscrire à cette œuvre, quelques compatriotes dolois de Pasteur font appel, sans distinction, à toutes les notabilités élues du département, à tous les corps constitués et à tous les chefs de services administratifs de la ville de Dole, en vue de former un Comité d'organisation.

Vous êtes naturellement désigné, Monsieur, pour faire partie de ce Comité provisoire. Aussi faut-il espérer que vous voudrez bien vous rendre à la réunion qui aura lieu jeudi

17 octobre courant, à trois heures après midi, dans la salle du Tribunal de commerce de Dole, que son Président a gracieusement mise à notre disposition.

Le Comité d'initiative.

Ordre du jour de la réunion :

Constitution d'un Comité définitif ;
Election du bureau ;
Composition de divers sous-comités ;
Propositions diverses.

LISTE DES PERSONNES CONVOQUÉES

MM.

Les Sénateurs du Jura ;
Les Députés ;
Le Préfet ;
Le Sous-Préfet de Dole ;
Les Membres de la Municipalité de Dole ;
Les Conseillers municipaux délégués par leurs collègues aux obsèques de M. Pasteur ;
Les Conseillers généraux de l'arrondissement de Dole ;
Les Conseillers d'arrondissement ;
Le Président du Tribunal civil de Dole ;
Le Procureur de la République de Dole ;
Le Président du Tribunal de commerce ;
Le Juge de paix du canton de Dole ;
Le Président et le Secrétaire de la Société d'Agriculture de Dole ;

MM.

Le Président et le Secrétaire de la Société d'Horticulture et de Viticulture de Dole ;

Le Président et le Secrétaire de l'Association des anciens Élèves du Collège de l'Arc ;

Les Délégués de cette Association aux obsèques de M. Pasteur ;

Les deux plus anciens Médecins de la ville de Dole ;

Les deux plus anciens Avocats de la ville de Dole ;

Les deux plus anciens Notaires de la ville de Dole ;

Les deux plus anciens Avoués de la ville de Dole ;

Les deux Banquiers de la ville de Dole ;

L'Architecte de la ville de Dole ;

Le Capitaine commandant la Compagnie des Pompiers de la ville de Dole ;

Le Bibliothécaire et le Bibliothécaire adjoint de la ville de Dole ;

Les Chefs des divers services administratifs de Dole ;

Les Directeurs des trois journaux de Dole.

Dans cette réunion à laquelle assistait M. Ruffier, maire de Dole, et un grand nombre des autres personnes convoquées, on tomba d'accord sur la constitution d'un Comité sous les auspices de la municipalité et sous la présidence effective de M. le Maire. En outre, ce Comité d'organisation devait être ouvert très largement à toutes les notabilités doloises.

Le lendemain de cette réunion (18 octobre), le Conseil municipal était convoqué et prenait d'importantes décisions, comme l'indique la lettre suivante de M. Ruffier, qui était adressée à toutes les personnes dénommées dans la liste ci-après :

RÉPUBLIQUE FRANÇAISE

VILLE DE DÔLE

ÉRECTION D'UN MONUMENT

EN L'HONNEUR DE PASTEUR

Sous les auspices de la Municipalité

M

J'ai l'honneur de vous informer que le Conseil municipal de Dole, dans sa séance du 18 octobre courant, a décidé d'élever un monument à l'illustre Pasteur, au plus glorieux de ses enfants, et a voté à l'unanimité un subside de cinq mille francs pour concourir à la réalisation de cette œuvre qui répond à un sentiment universel d'admiration et de reconnaissance.

Afin d'atteindre ce but si désiré, la Municipalité fait appel à toutes les notabilités élues du département, à tous les corps constitués, à tous les chefs de services administratifs de la ville de Dole, aux représentants du commerce et de l'industrie, en vue de *former un Comité d'organisation*, et elle a choisi dans son sein six de ses membres, MM. Ancourt, Renaud, Krugell, Lagé, Simonot et Jacquot pour représenter la ville de Dole dans la composition de ce comité.

Vous êtes naturellement désigné, Monsieur, pour faire partie de cette assemblée, et nous espérons que vous voudrez bien vous rendre à la réunion qui aura lieu le samedi 26 courant, à trois heures de l'après-midi, dans la salle du Tribunal de commerce de Dole.

Ordre du jour de la réunion :

Constitution d'un Comité d'exécution ;
Election du Bureau ;
Propositions diverses.

CONVOCATIONS

MM.

Les Sénateurs du Jura ;
Les Députés ;
Le Préfet ;
Le Sous-Préfet ;
Les Conseillers généraux du Jura ;
Les Conseillers de l'arrondissement de Dole ;
Les Maires des chefs-lieux de canton de l'arrondissement ;
Le Président du Tribunal civil ;
Le Procureur de la République ;
Le Président du Tribunal de commerce ;
Le Juge de paix du canton de Dole ;
Le Principal du Collège ;
Les Chefs des divers services administratifs de Dole ;
Les Présidents des Sociétés d'Agriculture et de Viticulture ;
Le Président de l'Association des anciens Élèves du Collège de l'Arc ;
La Chambre des Notaires ;

MM.

La Chambre des Avoués ;
Le Corps Médical ;
Les Banquiers ;
Les Pharmaciens ;
Les Conservateurs des bibliothèques municipale et populaire ;
L'Architecte de la ville ;
Le Professeur de dessin ;
Les Représentants du commerce et de l'industrie ;
Les Directeurs des trois journaux.

Dole, le 22 octobre 1895.

Le Maire de Dole,

Ph. Ruffier.

Le Conseil municipal, comme on vient de le voir, avait désigné pour faire partie du Comité, outre le maire, M. Ruffier, accepté unanimement comme président de ce Comité, six de ses membres : MM. Ancourt, Renaud, Krugell, Lagé, Simonot et Jacquot. Restait à compléter le Comité. Dans ce but, une nouvelle convocation de la première assemblée eut lieu le samedi 26 octobre dans la salle du Tribunal de commerce. Cette réunion, présidée par M. Ruffier, arrêta définitivement la composition du Comité d'organisation. Ses membres en furent choisis sans distinction de parti dans un esprit de conciliation aussi large que possible.

Ce Comité constitua son bureau ainsi qu'il suit :

Président :

M. Ruffier, maire de Dole, chevalier de la Légion d'honneur,

Vice-Présidents :

MM. Billard, président de la Société d'Horticulture et de Viticulture de Dole, chevalier du Mérite agricole, officier d'Académie ;

Pidoux, conseiller général du canton de Dole, vice-président du Conseil général du Jura ;

Jovignot, notaire à Dole ;

Renaud, conseiller général, membre du Conseil municipal de Dole ;

Pillot, adjoint au maire de Dole ;

Guichard, curé de Dole.

Secrétaires :

MM. Quintard, ancien principal du Collège de Dole, officier de l'Instruction publique ;

Barillot, notaire à Dole ;

Richenet, conseiller d'arrondissement, officier de l'Instruction publique ;

Perrenot, avoué à Dole ;

Bachelet, directeur de l'école de Valcombe (Azans).

Trésorier :

M. Palluy, président du Tribunal de commerce de Dole.

Après quelques tâtonnements amenés par le désir de donner satisfaction à des réclamations ou observations justifiées, le président du Comité adressait aux trois journaux locaux, avec prière de l'insérer, la communication officielle suivante :

VILLE DE DOLE (JURA)

ÉRECTION D'UN MONUMENT

EN L'HONNEUR DE

LOUIS PASTEUR

A DOLE SA VILLE NATALE

COMITÉ DE PATRONAGE

Président d'Honneur :

M. FÉLIX FAURE, président de la République française

I. — *Comité de Paris*

MM.

BOURGEOIS, président du Conseil des ministres.
BERTHELOT, sénateur, ministre des Affaires étrangères.
CAVAIGNAC, député, ministre de la guerre.
E. COMBES, sénateur, ministre de l'Instruction publique, des Beaux-Arts et des Cultes.
GUIEYSSE, député, ministre des Colonies.
LOCKROY, député, ministre de la Marine.
MESUREUR, député, ministre du Commerce, de l'Industrie, des Postes et Télégraphes.
RICARD, député, ministre de la Justice.
VIGER, député, ministre de l'Agriculture.
CHALLEMEL-LACOUR, président du Sénat.
Henri BRISSON, président de la Chambre des Députés.

MM.

J. Magnin, vice-président du Sénat.

Spuller, sénateur, ancien président du Conseil des ministres.

Ribot, député, ancien président du Conseil des ministres.

Poincaré, député, ancien ministre de l'Instruction publique.

Gadaud, sénateur, ancien ministre de l'Agriculture.

Mazeau, premier président de la Cour de cassation.

Manau, procureur général près la Cour de cassation.

Périvier, premier président de la Cour d'appel de Paris.

Bertrand, procureur général près la Cour d'appel de Paris.

Gréard, vice-recteur de l'Académie de Paris.

Perrot, directeur de l'Ecole normale supérieure de Paris.

Liard, directeur de l'Enseignement supérieur.

Rabier, directeur de l'Enseignement secondaire.

Buisson, directeur de l'Enseignement primaire au ministère de l'Instruction publique.

Bergeron, secrétaire de l'Académie de médecine.

Marey, président de l'Académie des sciences.

Milne-Edwards, membre de l'Institut, directeur du Muséum d'histoire naturelle.

Docteur Grancher, membre du Conseil d'administration de l'Institut Pasteur.

Deloche, membre de l'Institut.

Ch. Garnier, membre de l'Institut.

L. Guignard, membre de l'Institut.

O. Roty, membre de l'Institut.

Barth. Saint-Hilaire, membre de l'Institut.

Jules Thomas, membre de l'Institut.

Falguière, membre de l'Institut.

Kæmpfen, directeur des Musées nationaux et de l'Ecole du Louvre.

MM.

Rothschild frères, banquiers à Paris.
Guimet, fondateur-directeur du Musée-Guimet.
Bertrand, secrétaire-rédacteur au Sénat.

II. — *Comité régional*

MM.

Général Grévy, sénateur du Jura.
Lelièvre, sénateur du Jura.
Thurel, sénateur du Jura.
Bourgeois, député du Jura.
Trouillot, député du Jura.
Vuillod, député du Jura.
Genoux-Prachée, député de la Haute-Saône, maire de Luxeuil.
Docteur Signard, député de la Haute-Saône, maire de Gray.
Mgr Fulbert Petit, archevêque de Besançon.
J. Maillet, premier président de la Cour d'appel de Dijon.
Bonin, procureur général près la Cour d'appel de Besançon.
Cassagneau, préfet du Jura.
Graux, préfet du Doubs.
Bluzet, préfet du Cantal.
Brédif, recteur de l'Académie de Besançon.
Ch. Chappuis, recteur honoraire, inspecteur général honoraire de l'Université.
Mgr Marpot, évêque du diocèse de Saint-Claude.
Général d'Esclaibes, commandant la 3e brigade de chasseurs à cheval, à Dole.
Didier, sous-préfet de Dole.
Docteur Lombard, ancien député du Jura.
Boutroux, doyen de la Faculté des sciences de Besançon.

MM.

Colsenet, doyen de la Faculté des lettres de Besançon.

Druhen, directeur de l'Ecole préparatoire de médecine et de pharmacie de Besançon.

Cattand, président du Tribunal civil de Dole.

Cour, président du Tribunal civil de Lons-le-Saunier.

Glodinon, procureur de la République, à Dole.

Ch. Guyon, inspecteur d'Académie du Jura.

Ch. Colomb, trésorier général du Jura.

Barrand, ingénieur des Ponts et Chaussées, à Lons-le-Saunier.

Guéden, directeur des Contributions indirectes.

Maleprade, directeur de l'Enregistrement, à Lons-le-Saunier.

Roux, conservateur des forêts, à Lons-le-Saunier.

Thiébault, directeur des Contributions directes, à Lons-le-Saunier.

Chauvin, agent-voyer en chef, à Lons-le-Saunier.

Fèvre, secrétaire général de la Préfecture du Jura.

Docteur Briot, conseiller général du Jura.

A. Poiffaut, conseiller général du Jura, ancien maire de Dole.

Jobez, ingénieur des mines, conseiller général du Jura.

Docteur Ligier, conseiller général du Jura, sous-directeur de la maison nationale de Charenton.

Baron Picot d'Aligny, conseiller général du Jura.

Docteur Garnier, directeur médecin de l'Asile public des Aliénés du Jura.

Vuillecard, maire de Besançon.

H. Clerc, maire de Poligny.

Larderet, maire de Fraisans.

A. de Chaignon, maire de Saint-Amour.

Vaillant, maire d'Orgelet.

COMITÉ D'EXÉCUTION

BUREAU :

Président :

M. RUFFIER, maire de Dole.

Vice-Présidents :

MM. BILLARD, président de la Société d'Horticulture et de Viticulture.
GUICHARD, curé de Dole, chanoine honoraire.
JOVIGNOT, président de la Chambre des notaires.
PIDOUX, conseiller général du canton de Dole.
PILLOT, 1er adjoint au maire.
RENAUD, conseiller général.

Secrétaires :

MM. BACHELET, chef d'institution.
BARILLOT, notaire, ancien président de la Chambre des notaires.
LONGIN, ancien magistrat.
MICHARD, bâtonnier de l'Ordre des avocats.
PERRENOT, avoué, juge suppléant.
QUINTARD, principal du collège de Dole, en retraite.
RICHENET, professeur en retraite, agrégé de l'Université.

Trésorier :

M. PALLUY, président du Tribunal de commerce, à Dole.

VILLE DE DOLE

MONUMENT EN L'HONNEUR DE LOUIS PASTEUR

Dole, le 6 décembre 1895.

Monsieur,

Dans sa séance du 18 octobre 1895, le Conseil municipal de Dole a, sur la proposition du Maire, décidé à l'unanimité qu'un monument sera élevé à Pasteur sur l'une des principales places de la ville, et il a voté une somme de 5.000 francs pour coopérer à la réalisation de cette œuvre d'affectueuse admiration et de reconnaissance. Il a décidé en outre qu'il ouvrirait à cet effet une souscription internationale.

Nulle ville de France ne saurait mieux que Dole, qui l'a vu naître, revendiquer le droit de consacrer la mémoire de ce grand homme.

La ville de Dole s'est toujours montrée fière des travaux de son glorieux enfant. Dès le 14 juillet 1883, dans une fête solennelle rehaussée par la présence de Pasteur et de sa famille, elle inaugurait une plaque commémorative sur la façade de la maison où il reçut le jour, et décidait que la rue, désignée jusqu'alors sous le nom de *Rue des Tanneurs*, s'appellerait désormais Rue Pasteur.

Au Jubilé du 27 décembre 1892, qui réunissait les célébrités du monde politique, de la science et des lettres, la délégation de la ville de Dole fut seule autorisée, par un privilège exceptionnel, à prendre la parole en présence de Pasteur. Le discours émouvant prononcé alors par le Maire de Dole fut une nouvelle consécration officielle de ce fait historique que Dole est le berceau de l'illustre savant.

En raison des immenses services que Pasteur a rendus à la France et au monde entier, tous ceux qui s'intéressent au progrès des sciences et au bien-être de l'humanité auront à cœur de s'associer à l'hommage suprême que Dole veut rendre à cette grande et noble mémoire.

Les travaux de Pasteur, si féconds en résultats bienfaisants, lui ont valu les suffrages unanimes des Corps savants de la France et de l'Etranger, l'admiration et la reconnaissance du monde civilisé. Ils ont été, pour diverses branches de la production nationale, pour l'agriculture, pour l'industrie, une source de richesses incalculables, et ce qui double le mérite de l'inventeur, c'est son absolu désintéressement.

La doctrine pastorienne est aujourd'hui universellement acceptée. Son application recule pour un bon nombre d'êtres humains le terme de la vie. Elle prévient l'atteinte ou rend possible la guérison de nombreuses maladies infectieuses, quelques-unes effroyables, jusqu'alors réfractaires à tous les efforts de la chirurgie et de la médecine. Ceux qu'elle a sauvés, dans notre pays seulement, se chiffrent par milliers. Tous bénéficient ou sont appelés à bénéficier des merveilleuses découvertes de cet incomparable génie.

Aussi espérons-nous que chacun voudra bien apporter son offrande pour l'érection d'un monument destiné à honorer l'une des gloires les plus hautes et les plus pures que l'histoire puisse jamais offrir à l'admiration et à la reconnaissance de tous les peuples.

Veuillez agréer, Monsieur, l'assurance de notre considération la plus distinguée.

Le Maire de Dole,
Chevalier de la Légion d'honneur,
Président du Comité d'exécution,

Ph. Ruffier.

N. B. — Nous joignons aux présentes un Bulletin pour inscrire les souscriptions, en vous priant de le retourner avec les sommes recueillies à M. Palluy, président du Tribunal de commerce de Dole, trésorier du Comité.

Ce document, tiré à un nombre très considérable d'exemplaires, fut envoyé sur tous les points de la France et de l'étranger.

Les souscriptions ne tardèrent pas à affluer de toutes parts. Chaque semaine les feuilles locales en inséraient une longue liste.

Pour faciliter et hâter le travail qui prenait des proportions extraordinaires, la besogne fut divisée entre un certain nombre de sous-comités. En voici la liste avec les noms de ceux qui en faisaient partie :

COMITÉ DES BEAUX-ARTS

MM.

Ancourt, conseiller municipal.
Bouveret, architecte de la ville.
Courbe-Rouzet, imprimeur.
Cousturier, peintre.

MM.

Cretin, conseiller municipal, architecte.
Feuvrier, professeur au Collège.
Gros, professeur de dessin, conservateur du Musée.
Lagé, conseiller municipal.
Laurency, sculpteur.
Lavrut, sculpteur.
Robinet, artiste peintre.
L. Rouzet, architecte.

COMITÉ MÉDICAL

MM.

Bécoulet, docteur-médecin.
Briand, id.
Chaintre, id.
Debrand, id.
Frilley, id.
Gagey, id.
Garnier, id.
Hamel, id.
Larger, id.
Lombard, id.
Rouby, id.
Chaintre, médecin-vétérinaire.
Guyétant, id.
Tondeur, id.
Fontaine (frères), pharmaciens.
Gaulion, pharmacien.
Jeandenand, id.
Nief, id.

MM.

Perret, pharmacien.
Prost, id.
Fontaine (Prosper), ancien pharmacien.

COMITÉ DES FINANCES

MM.

Besson-Billard, industriel.
Cantenot (Albert), négociant.
Caruel, banquier.
Duchesne, percepteur.
Jacquot, capitaine des pompiers.
Krugell, libraire.
Meurisse, directeur du Bureau auxiliaire de la Banque de France.
Palluy, président du Tribunal de commerce.
Prudot, receveur particulier des Finances.
Simonot, conseiller municipal.
Voiriot, sous-directeur des Contributions indirectes.

COMITÉ DE L'ENSEIGNEMENT

MM.

Promeyrat, principal du Collège.
Clémencet, inspecteur primaire.
Garnier, directeur de l'Ecole primaire supérieure.
Bourgeois, directeur d'Ecole publique.
Antoine, professeur au Collège.
Bachelet, chef d'Institution libre.
Fèvret, professeur au Collège.
Feuvrier, id.

MM.

François, professeur au Collège.

Lambœuf, id.

Nauth, id.

Terrasson, directeur du Pensionnat des Frères des Ecoles chrétiennes.

Vantard, directeur d'Ecole publique.

Vigneron, professeur au Collège.

COMITÉ DE LA CORRESPONDANCE

MM.

Chaintre, président de la Société d'Agriculture.

Chapuis, directeur du Dépôt des Mines de Blanzy.

Cornu (Emile), propriétaire à la Bedugue.

Désaunais, notaire.

Gilardoni, inspecteur des Forêts.

Quinet, receveur des Postes et Télégraphes.

Viton, secrétaire général de la Société d'Horticulture et de Viticulture.

COMITÉ DE LA PRESSE

MM.

Courbe-Rouzet, imprimeur.

Girardier, notaire.

Krugell, libraire.

Ledroit, notaire.

Bernin, directeur de l'*Avenir du Jura*.

Jacques, directeur de la *Croix Jurassienne*.

Mollard, directeur de la *République du Jura*.

COMITÉ DE PARIS

MM.

Bolle-Besson, industriel.

Bouchot, conservateur-adjoint à la Bibliothèque Nationale (département des Estampes).

Chamberland, membre de l'Institut Pasteur.

Fougères (Jules), principal en retraite.

Gagey, docteur-médecin.

Grandmougin, homme de lettres.

Jacquot, industriel.

Pia (Alfred), industriel.

Rambaud (Alfred), sénateur du Doubs.

Vernier, ancien receveur des Finances.

Le Comité d'exécution reçut le nom de *Comité central* ou simplement de Comité.

Chacun des Sous-Comités avait ses attributions déterminées, de sorte que tout marchait d'une façon régulière, sans heurt et sans double emploi. Il fallait se hâter ; car sur bien des points de la France s'ouvraient des souscriptions pour élever aussi à Pasteur quelque monument : Arbois, Alais, Melun, Paris, Lille, Chartres, Besançon, rivalisaient avec Dole.

Les membres du Comité central et des Sous-Comités ne suffisaient pas à la tâche. Pour ne pas se laisser distancer par les rivaux, on dut recourir, pour une partie du travail purement matériel, à des auxiliaires salariés. Pendant des mois et des mois la besogne des deux secrétaires principaux fut écrasante. Le Président avait une tâche délicate, difficile et compliquée : il se montra à la hauteur de sa mission. Le Trésorier mérite aussi les plus grands éloges ; il donna, sans compter, son temps et ses soins au succès de cette œuvre vraiment colossale.

En dehors des divers comités, nombre de personnes à Dole parmi les commerçants surtout, et dans différentes villes de France ou à l'étranger, s'intéressèrent au succès de la souscription : quelques-uns recueillirent de leurs correspondants, de leurs fournisseurs, de leurs amis ou connaissances, des sommes considérables qui furent versées dans la caisse du Comité. Toutes les souscriptions finirent par être centralisées et mises en dépôt au Comptoir d'Escompte de Dole.

Les étrangers, comme nos compatriotes, furent priés d'envoyer leur obole, et, ce qui est tout à l'honneur de Pasteur et de sa ville natale, partout, jusque dans les contrées les plus éloignées, l'appel du Comité fut entendu : au Brésil, au Canada, en Chine, au Japon, à Montevideo, à Yokohama, à Calcutta, à la Havane, au Cap, à Papéiti. Les consuls français, quelques-uns aussi de nos concitoyens, en Egypte notamment, nous prêtèrent le concours le plus actif et le plus efficace. Des villes, des sociétés, des personnages inconnus (1) se montrèrent d'une générosité admirable : Turin, l'Université d'Edimbourg, la Société médicale de Berlin, l'Académie des Sciences et l'Institut de Médecine expérimentale de Saint-Pétersbourg, l'Association Médicale d'Amsterdam, et bien d'autres, mériteraient une mention particulière. Tel était l'élan général qu'un savant suédois écrivit au Président du Comité pour se plaindre de n'avoir pas reçu, comme ses collègues, une invitation personnelle à souscrire.

Les offrandes arrivaient très nombreuses aux mains du Trésorier. Les plus pauvres comme les plus riches tenaient à

(1) Le comte et la comtesse Pasolini à Ravenne (200 fr.).

envoyer leur obole ; les dons de 0 fr. 25 et même au-dessous ne se comptent pas. Chaque semaine les journaux locaux en inséraient de longues listes qui épuisaient leurs colonnes ; ils durent y renoncer pour ne les publier qu'en bloc.

Afin de donner satisfaction autant que possible aux intéressés, le Comité fit imprimer et publier une feuille spéciale contenant, au fur et à mesure que besoin en était, les noms des souscripteurs avec le montant de leurs souscriptions. Cela permettait de réunir facilement en un petit nombre de pages des documents que beaucoup de personnes tenaient à conserver ou à consulter.

Le premier numéro de ce supplément était précédé des listes des comités principaux et de la lettre circulaire de M. le Maire de Dole, président. Ce premier numéro parut le 28 décembre 1895. Six autres le suivirent, le dernier est à la date dû 3 mai 1896. Mais la souscription était loin d'être close ; les envois des pays lointains, tels que Yokohama et Papéiti, mettaient longtemps à nous arriver. Les feuilles locales publiaient encore quelques listes vers la fin de l'année 1897. Le total des sommes encaissées s'est élevé à 93.625 fr. En y joignant 5.200 fr. de subventions ministérielles dont il sera parlé plus tard, on voit que la somme totale dont le Comité a pu disposer est de 98.825 fr.

Dans l'impossibilité d'adresser à tous les souscripteurs une lettre ou même quelques mots de remerciements, le Comité eut l'heureuse idée de demander à la maison Courbe-Rouzet une lithographie de Pasteur qui fut tirée à plusieurs milliers d'exemplaires. Dans la manchette, on lisait en caractères minuscules la lettre de M. Pasteur au bibliothécaire de la ville, lettre reproduite plus haut, et au bas de la feuille :

SOUVENIR

reconnaissant

de la Ville de Dole

à M

pour sa Souscription au Monument Pasteur

Cette belle lithographie ne pouvait, vu la dépense qu'elle occasionnait, être envoyée à tous les souscripteurs ; elle fut offerte du moins à toutes les collectivités et à toutes les personnes qui avaient souscrit une somme un peu importante. Un grand nombre d'exemplaires furent distribués dans la ville.

LE MONUMENT

En même temps que l'on travaillait avec tant d'ardeur au succès de la souscription internationale, le Comité s'occupait de la question du monument lui-même et du choix de l'emplacement à lui assigner dans l'enceinte de la ville.

Le 17 octobre 1896, les feuilles locales inséraient cette communication du Président :

« A la veille de clore la souscription destinée à élever un monument à Louis Pasteur dans sa ville natale, les Comités réunis en assemblée générale ont décidé de faire un appel officieux aux artistes français pour en obtenir des projets (plaquettes ou dessins) à cette intention.

« La somme qui pourra être affectée à ce monument sera d'environ 70.000 fr.

« Le délai pour le dépôt des projets est fixé au 31 janvier 1897.

« Une Commission choisie parmi les membres du Comité d'exécution jugera en dernier ressort et sans appel.

« En dehors du projet primé dont l'exécution sera confiée à son auteur, il ne sera alloué ni prime ni indemnité quelconque aux autres projets qui seront retournés à leurs auteurs sur leur demande.

Le Président du Comité :

RUFFIER. »

Le 13 février 1897, les Commissions réunies adoptaient en principe que le monument serait érigé sur la promenade du cours Saint-Mauris, dans le square placé à gauche de l'extrémité de l'allée principale. Elles décidaient en outre qu'un jury composé de 12 membres, dont 3 désignés par les artistes, 4 pris dans le sein du Comité et 4 dans le Conseil municipal, serait chargé d'examiner les projets qui lui seraient soumis. M. Ruffier, président du Comité, faisait partie de droit de ce jury avec voix prépondérante.

Voici comment ce jury fut composé :

MM.

RUFFIER, président.

ROBINET, COUSTURIER, LAVRUT, BOUVERET, choisis par le Comité ;

RENAUD, maire ; ANCOURT, JAILLOUX, LAGÉ, délégués par le Conseil municipal.

FALGUIÈRE, MERCIÉ, BOUCHER, désignés par les artistes concurrents.

Plus tard, deux jurés supplémentaires furent ajoutés à cette liste : M. BOLLE, nommé par le Conseil municipal, et M. GROS, choisi par le Comité.

Les projets envoyés par les concurrents au nombre de 15 (12 maquettes et 3 dessins) avaient été exposés au foyer du théâtre. Le public fut admis à les visiter tous les jours de la semaine moyennant une rétribution de 0.50 par personne au profit de l'œuvre. Le dimanche l'entrée était gratuite.

Le 14 mai, le jury se réunit au lieu de l'exposition pour examiner ces projets, et M. Bouveret fut désigné pour remplir les fonctions de secrétaire. M. Bouveret donna lecture de son

Cliché Bon de Fritsch — Obj. Goerz

Monument Pasteur

rapport dans une assemblée générale des Commissions, tenue le 22 mai suivant.

Aux termes de ce rapport, le jury estimait que, si plusieurs des projets offraient des qualités remarquables et faisaient honneur à leurs auteurs, aucun d'eux cependant n'avait sur les autres une supériorité assez marquée pour obtenir la préférence, et que, dans cette indécision, il jugeait convenable de convoquer les artistes concurrents à une seconde épreuve. Les conditions de cette épreuve seraient les suivantes :

L'envoi des projets aurait lieu avant le 15 octobre 1897, dernier délai.

Le même jury procèderait au classement des nouveaux projets : le n° 1 serait chargé de l'exécution du monument ; les n°s 2, 3, 4 et 5 recevraient respectivement une prime de 1.200, 1.000, 800 et 600 fr.

Ces cinq projets deviendraient la propriété de la ville.

Quant à l'emplacement du monument, après avoir examiné et comparé le cours Saint-Mauris, le square de la rue Malet et le Jardin-Philippe, la Commission donnait la préférence à la promenade du Cours, et tout spécialement à la pelouse.

Après discussion, à l'unanimité l'assemblée générale adopta la création d'un deuxième concours dans les conditions indiquées ; mais au sujet de l'emplacement, les opinions restèrent divisées.

Il en fut de même au Conseil municipal quand il eut à en délibérer : les avis y furent partagés, de sorte que pendant longtemps la question resta en suspens, ne trouvant de solution ni dans le Comité, ni dans le Conseil municipal.

Un point à noter. Dans le procès-verbal de la séance du Conseil municipal du 29 mai 1897, il est dit :

« M. le Maire donne aussi connaissance de l'avis des sculpteurs venus de Paris, et notamment celui de M. Falguière qui a déclaré qu'il considère le rond-point de la promenade comme un sanctuaire réservé et digne de la mémoire du grand savant. »

Cependant la presse locale ne cessait de publier des articles soit pour, soit contre les divers emplacements proposés : vaines escarmouches où se dépensait beaucoup de temps et d'efforts sans que la question avançât d'un pas.

Enfin, de guerre lasse, le Comité voyant qu'il était impossible d'arriver à une entente, prit une décision suprême : renonçant à une initiative dont il avait le droit indiscutable, il déclara laisser au Conseil municipal le soin et la responsabilité de choisir un emplacement.

Par cet effacement volontaire du Comité toute difficulté ne fut pas aplanie. Il y eut bien d'abord, dans la séance du 25 janvier 1898 au Conseil municipal, un vote au scrutin public qui donna 16 voix pour le square Malet et 6 voix seulement pour le rond-point du cours Saint-Mauris, décision qui fut confirmée par un nouveau vote le 14 juin 1901, malgré les observations de l'artiste chargé de l'exécution du monument et opposé à l'emplacement choisi. Mais un incident vint tout remettre en question.

Dans la séance du 14 décembre 1901, lecture était donnée aux conseillers municipaux d'une lettre de M. le Sous-Préfet de Dole, laquelle amenait le Conseil à constituer une Commission de 11 membres pris dans son sein pour étudier de nouveau le choix d'un emplacement. Le rapport de cette Commission fut présenté par son auteur au Conseil le 1er février 1902. En voici les parties essentielles :

« Messieurs,

« Au cours de l'année 1895, l'érection à Dole d'un monument à Pasteur par souscription internationale était décidée, et la ville s'inscrivait pour 5.000 fr.

« Le monument fut mis au concours et attribué à MM. Carlès et Chifflot ; à cet égard, les difficultés sont complètement et depuis longtemps aplanies.

« Le choix de l'emplacement reste seul en discussion.

« Le 28 mars 1897, M. le Maire fit connaître que le Conseil municipal était chargé de ce choix, et à cette date il était décidé que l'on attendrait l'avis des artistes.

« Le 29 mai suivant, le Conseil municipal refusait de ratifier le choix fait par le Comité qui proposait le rond-point du cours Saint-Mauris, et, le 14 août de la même année, le président de ce Comité demandait au Conseil municipal de choisir l'emplacement.

« Le Maire donnait alors lecture des lettres de MM. J.-B. Pasteur et Vallery-Radot, exprimant leur désir de voir placer le monument au Cours.

« Le 25 janvier 1898, le Conseil municipal décidait d'élever le monument au square de la rue Malet, et, le 16 juin suivant, maintenait son vote malgré les démarches faites par le sculpteur Carlès.

« Enfin, le 14 décembre 1901, M. le Maire donnait lecture au Conseil de la lettre suivante adressée par M. le Sous-Préfet de Dole :

Dole, le 6 décembre 1901.

« Le Sous-Préfet de Dole,
« A Monsieur le Maire de Dole,

« Par une dépêche en date du 28 novembre dernier, M. le « Ministre des Beaux-Arts a invité M. le Préfet à lui donner « son avis sur l'emplacement du monument Pasteur à Dole.

« Il a fait connaître, en même temps, que la famille et les « artistes désiraient un emplacement autre que celui qui a été « choisi par délibération du 25 janvier 1898. L'Administration « des Beaux-Arts ne pouvant, de son côté, aux termes des « instructions contenues dans la même dépêche, accorder son « concours que si la municipalité, la famille, le sculpteur et « l'architecte étaient entièrement d'accord, il a paru indispen- « sable à M. le Préfet de provoquer sur ce sujet une nouvelle « consultation de l'Assemblée communale.

« J'ai l'honneur de vous prier, en conséquence, de vouloir « bien convoquer le Conseil municipal dans le plus bref délai « possible, afin de l'appeler à délibérer sur la question qui a « fait l'objet de la dépêche précitée.

« Les membres du Conseil qui ont voté en 1898 pour l'em- « placement du square de la rue Général-Malet, ignoraient sans « doute à cette époque les intentions de la famille et des « artistes, ainsi que les conditions exigées par l'Administration « des Beaux-Arts.

« Il vous suffira, je l'espère, pour les amener à modifier leur « opinion, de leur signaler les inconvénients qui résulteraient « d'un nouvel ajournement dont on ne manquerait pas de rendre

« la ville responsable, en cas de désaccord, et je ne doute pas « qu'en présence des considérations qui précèdent, vous ne les « trouviez disposés aujourd'hui à faciliter la réalisation de « l'œuvre due à la généreuse initiative de vos concitoyens et « pour laquelle vous avez recueilli des adhésions du monde « entier.

« *Le Sous-Préfet de Dole,*

« Aldebert. »

« A la suite de cette communication, le Conseil décida, par déférence pour la famille Pasteur, de soumettre de nouveau à une Commission de 11 membres l'étude des divers emplacements proposés, étant entendu d'ailleurs que cette Commission jouirait de la plus entière indépendance et devrait s'occuper de tous les emplacements.

« Cette Commission a siégé les 21 décembre 1901 et 14 janvier 1902, et voici, Messieurs, aussi fidèlement exprimées et reproduites que possible, les études qui ont été faites, les discussions qui se sont élevées et ont entraîné la décision de la Commission.

« SÉANCE DU SAMEDI 21 DÉCEMBRE 1901

« *Présents :* MM. Renaud, maire ; Bolle, Besson, Girardier, Jacquot, Jailloux, Lacroix, Monamy.

« *Absent excusé :* M. Mollard.

« *Absents :* MM. Pernin, Ancourt, Audemar.

« M. le Maire préside.

« Au début de la séance, M. le Maire informe la Commission qu'il désire avant tout garder la neutralité la plus absolue, et qu'il a l'intention de se retirer après avoir fourni quelques explications lui paraissant indispensables. Il invite donc les membres de la Commission à nommer un vice-président et un secrétaire-rapporteur.

« M. Bolle est nommé vice-président et M. Monamy secrétaire-rapporteur.

« M. le Maire rappelle en quelques mots les faits qui ont nécessité la création d'une Commission spéciale de 11 membres et l'importance de la tâche qu'elle a à remplir.

« Pour fournir seulement, dit-il, à cette Commission toutes indications utiles et sans, pour autant, vouloir orienter ses délibérations dans un sens déterminé, il fait connaître que des artistes éminents : MM. Falguière, Boucher, Gasq, Peynot, Seysses, Block, Convers, ont parcouru les divers emplacements proposés pour la statue de Pasteur, et que les préférences de tous étaient pour le rond-point du Cours.

« Il ajoute qu'à Alais et à Arbois les Comités ou les Conseils municipaux étaient en désaccord avec la famille Pasteur au sujet de l'emplacement de la statue, et qu'à Arbois notamment l'avis de la famille a prévalu.

« M. Bolle fait observer qu'un artiste émérite, M. Mercié, arrêtait son choix au Jardin-Philippe.

« Puis M. le Maire se retire et la présidence est laissée à M. Bolle. »

Ici nous ne faisons plus que résumer le Rapport de M. Monamy.

Après quelques observations du Vice-Président sur le but à atteindre et les principes qui doivent inspirer les membres de la Commission, la méthode de travail est arrêtée.

Il est noté tout d'abord que huit emplacements étaient proposés : 1° le square Général-Malet ; 2° le Cours ; 3° le

Jardin-Philippe ; 4° la place des Carmes ; 5° le Pasquier ; 6° la place Nationale ; 7° la place aux Fleurs ; 8° la place de la Sous-Préfecture.

La Commission écarte tout de suite et à l'unanimité, pour divers motifs, les quatre derniers emplacements et ne retient que l'étude des quatre premiers. Elle croit nécessaire de connaître : 1° le traité passé avec les artistes ; 2° l'importance des capitaux dont le Comité dispose ; 3° et pour chaque emplacement le chiffre approximatif de la dépense qu'entraînerait pour la Ville l'érection du monument.

La Commission obtient rapidement satisfaction sur les deux premiers points. Pour le troisième, M. Bouveret se met entièrement à la disposition de la Commission, et demande un délai de quelques jours pour faire les sondages nécessaires et établir les devis. L'emplacement du square Malet n'a pas besoin d'être étudié, puisque le travail de fondation a été prévu dans le forfait intervenu entre les artistes et l'entrepreneur.

SÉANCE DU MARDI 14 JANVIER 1902

Tous les membres sont présents sauf M. MOLLARD.

M. le Maire préside.

Le rapport de M. Monamy sur la première séance de la Commission est lu et approuvé.

M. le Maire se retire et la présidence est laissée à M. Bolle.

M. Bouveret, présent à la délibération, est invité à faire connaître à la Commission le résultat des travaux effectués par lui sur chacun des emplacements proposés. Il place sous les yeux des membres de la Commission quatre plans cotés et les devis qui s'y rapportent.

1° En ce qui concerne le cours Saint-Mauris :

Les sondages ont démontré que le terrain était résistant à la profondeur de 3m70. Suit le détail des moyens à employer pour soutenir le poids du monument estimé approximativement 120.000 kilog. La dépense totale pour ce travail préparatoire serait d'environ 1.453 fr.

2° En ce qui concerne le Jardin-Philippe :

Le terrain n'est solide qu'à la profondeur de 7 mètres. Ici la dépense serait d'environ 1.798 fr. Si cet emplacement était adopté, il faudrait démolir l'octroi et le reconstruire ailleurs, dépense nouvelle d'environ 5.000 fr.

Avant de se retirer, M. le Maire avait fait remarquer à la Commission que le transfert de l'octroi à la Bedugue aurait pour conséquence une répercussion sur le budget de la Ville; car il faudrait continuer d'assurer le service de l'octroi près du canal en raison du mouvement du port et des arrivées du côté d'Azans et de la Prise-d'Eau.

3° En ce qui concerne la place des Carmes :

Les travaux à effectuer et les dépenses à faire seraient à peu près les mêmes qu'au cours Saint-Mauris.

Suivent quelques observations de divers membres de la Commission.

L'un d'eux, partisan d'abord du cours Saint-Mauris, pensant que Pasteur y serait représenté assis, revient sur son choix; car, à son avis, le rond-point du Cours ne comporte pas un monument en hauteur.

M. Bolle appuie cette observation, en ajoutant cette autre objection : la proximité du monument Grévy, et il fait valoir toutes les considérations qui militent en faveur du Jardin-Philippe.

Un autre membre tient à s'éclairer plus complètement et demande à examiner les endroits proposés.

Une suspension de séance est accordée pour cette visite, et à la reprise de la séance un vote a lieu au bulletin secret qui donne les résultats suivants :

Pour le Jardin-Philippe 6 voix, pour le square Malet 3, et pour le Cours 1.

Le Jardin-Philippe ayant été désigné par la majorité absolue des suffrages sera proposé, au nom de la Commission, au Conseil municipal comme l'*emplacement paraissant devoir être préféré.*

Après la lecture du rapport de M. Monamy au Conseil, M. le Maire prit la parole en ces termes, dont il donna ensuite communication à la presse :

« Il résulte du rapport si documenté de M. Monamy, que si le monument Pasteur était placé au carrefour de l'avenue Pasteur (square Malet), il coûterait 70.000 fr. et serait payé par la souscription ;

« Qu'il resterait pour les fêtes d'inauguration une somme de 9.700 fr. environ ;

« Que si ce même monument était placé au rond-point du Cours, c'est à dire dans l'emplacement d'honneur de la ville de Dole, la dépense serait supérieure d'environ 400 fr.;

« Que si, au contraire, il était érigé à l'emplacement actuel de l'octroi du Jardin-Philippe, la fondation du monument, la démolition et la reconstruction de l'octroi coûteraient 6.000 fr.; mais la Commission n'a pas prévu que pour reconstruire l'octroi, en face, où il existait autrefois, il faudrait l'autorisation de M. Mouret, successeur de M. Muneret qui a versé 4.000 fr. à la ville autrefois pour déplacer ce bureau et faciliter l'accès de son usine ;

« Que si cette autorisation était refusée, il faudrait acheter un nouvel emplacement, louer pendant un certain temps une habitation au Receveur ;

« Que la dépense qu'entraîneraient ces différentes modifications peut être estimée à 10 ou 12.000 fr. au minimum.

« La famille Pasteur a bien fait connaître officieusement qu'au pis-aller elle accepterait le Jardin-Philippe, tout en regrettant l'emplacement du Cours.

« Le Conseil municipal jusqu'à présent a toujours été soucieux des intérêts des habitants.

« Votera-t-on de gaieté de cœur pour un emplacement que la famille Pasteur considère comme un pis-aller et qui, au point de vue esthétique, ne vaudra pas le cours Saint-Mauris ?

« En outre de ces considérations, étant données les formalités administratives, il est à craindre que, si le Jardin-Philippe était choisi, le monument de notre illustre concitoyen ne pourrait être inauguré qu'en 1903.

. . . .

« En présence des divisions qui existent au sein du Conseil pour la désignation de l'emplacement et la dépense à faire, le Maire estime qu'il y a lieu, dans le cas spécial, de demander à la population, par la voie d'un *referendum*, de choisir un des emplacements que fixera d'avance le Conseil

« Le Maire ajoute qu'il demande que le vote ait lieu sur son amendement. »

Le vote au scrutin public ayant donné pour le *referendum* 15 voix contre 7, le Conseil décide que le scrutin plébiscitaire aura lieu à la majorité relative le dimanche 16 février à la salle des Fêtes, et qu'il ne pourra porter que sur les trois emplacements suivants : le square de l'avenue Pasteur, le Jardin-Philippe et le rond-point du Cours.

Voici quel fut le résultat :

Pour le Cours, 854 suffrages; pour le Jardin-Philippe, 700; pour le square avenue Pasteur, 174; divers, 10.

Ainsi le Cours avait 680 voix de majorité sur l'emplacement fixé primitivement par le Conseil, emplacement qui n'avait agréé ni à la famille, ni aux artistes, ni à l'administration des Beaux-Arts, et qui n'était pas non plus du goût de la majorité des électeurs. On avait pu craindre de la part des habitants quelque indifférence à se rendre au scrutin. On voit par le nombre des votants quel fut, au contraire, leur empressement et combien ils s'intéressaient à la question posée.

Cette fois la difficulté était bien définitivement résolue, puisque c'était le suffrage universel qui l'avait tranchée. Il n'y avait plus qu'à s'incliner : c'est ce que fit de bonne grâce le Conseil municipal. Dès lors on ne songea plus qu'aux préparatifs de l'inauguration et aux moyens de rendre la cérémonie aussi brillante que possible.

Il faut revenir en arrière un instant et dire ce que fut le deuxième concours dont il a été parlé antérieurement. Ce deuxième concours était expressément limité entre les premiers concurrents.

Fixée d'abord au 15 octobre 1897, la nouvelle épreuve avait été ajournée parce que le choix de l'emplacement n'étant pas encore arrêté, les artistes exposants se trouvaient gênés dans la composition de leur œuvre. La délibération du Conseil municipal, en date du 25 janvier 1898, en se prononçant pour le square de l'avenue Pasteur, paraissait lever cette difficulté. Il fut décidé que le nouveau concours serait ouvert le 1er février 1898 et clos le 1er juillet suivant aux conditions indiquées plus haut, page 43. Un plan général de l'emplacement et une vue perspective de l'avenue Pasteur étaient mis à la disposition des concurrents.

L'exposition des maquettes eut lieu cette fois dans la salle du Pasquier du 10 au 24 juillet, et ne fut interrompue qu'un peu de temps pour les opérations du Jury. Ce Jury était le même que le précédent.

L'examen des œuvres exposées fut des plus consciencieux.

M. Falguière fit ressortir la valeur de chacune des maquettes, les qualités esthétiques et les inconvénients qu'elles présentaient. Sans se prononcer nettement pour ne pas influencer ses collègues, il laissa néanmoins entrevoir ses préférences pour le projet qui a été adopté. Ses observations furent écoutées avec déférence par les autres membres du Jury et eurent l'assentiment de MM. Boucher et Mercié. De l'avis des trois maîtres, le concours offrait un ensemble remarquable. Le désir de glorifier un personnage aussi illustre que Pasteur avait suscité parmi les artistes de renom bien de nobles ambitions. Aussi l'on comptait parmi eux cinq prix de Rome.

Plusieurs tours de scrutin furent nécessaires pour le classement et en particulier pour l'attribution du premier prix. Finalement, voici quelle fut la décision du Jury :

1er prix : Exécution. — Carlès, statuaire ; Léon Chifflot, architecte.

2e prix : 1.200 fr. — Convers, statuaire ; Tournaire, architecte.

3e prix : 1 000 fr. — Peynot, statuaire ; Godefroy, architecte.

4e prix : 800 fr. — Gasq, statuaire ; Leroy, architecte.

5e prix : 600 fr. — Pech, statuaire ; Marchegay, architecte.

Voici par ordre alphabétique les noms des autres exposants :

BLOCH, statuaire ; LAMBERT, architecte.
FOURNIER, statuaire ; BAC, architecte.
LAFONT, statuaire ; DEGLANE, architecte.
LOISEAU-BAILLY, statuaire.
PROUVÉ, statuaire ; VALLIN, architecte.
SEYSSES, statuaire ; BELESTA, architecte.

Les travaux préliminaires étaient faits au square de l'avenue Pasteur, quand se produisit l'incident raconté plus haut, qui fit ajourner l'exécution de l'œuvre et amena le referendum, lequel substitua au choix de l'avenue Pasteur celui du cours Saint-Mauris.

Après le referendum on se mit à l'œuvre sans perdre de temps.

Le 15 mars 1902, l'entrepreneur recevait l'ordre de commencer les travaux. Le sol fut creusé jusqu'à une profondeur de 2 mètres ; puis le 1er avril on procéda au battage de 30 pieux en chêne qui furent enfoncés de 5 mètres avant d'arriver au refus absolu du mouton, obtenu par la résistance naturelle du terrain, condition très importante pour des pieux qui devaient être extrêmement chargés et aussi afin d'assurer une base solide au monument.

Ensuite, les têtes des pilots furent reliées extérieurement à fleur du fond de la tranchée de fondation au moyen d'un grillage composé de moises en charpente assemblées à mi-bois, et le tout fut englobé par un massif de béton.

Les travaux de fondation achevés, l'entrepreneur fit établir un échafaudage spécial très puissant, en forme de grue mobile roulante, pour la pose successive des volumineuses assises du monument. Ces assises proviennent des carrières de pierre dure du mont de Landon, près de Dole, dont M. Spinga est le propriétaire exploitant.

Le 1er mai eut lieu la pose de la première pierre sous laquelle on a placé une feuille de plomb avec l'inscription suivante :

« Le 1er mai 1902 a été posée la première pierre de ce mo-
« nument ; M. Ruffier, Philippe, étant président du Comité,
« M. Renaud, Emile, maire de Dole, M. Bouveret, Eugène,
« architecte de la ville, et M. Spinga, Antoine, entrepreneur. »

Enfin le 5 juin, à 2 h. 1/2, la dernière pierre du piédestal fut posée en présence du président du Comité, de M. le maire et de l'architecte de la ville.

A ce sujet, l'*Avenir du Jura* du 7 juin 1902 inséra le petit article suivant :

Hier jeudi, à 2 h. 1/2, a eu lieu la pose de la dernière pierre du piédestal pour le monument Pasteur, en présence du président du Comité, de M. le maire et de l'architecte de la ville, M. Bouveret.

Après avoir réuni autour de lui M. Spinga, entrepreneur, et ses collaborateurs, M. Ruffier a prononcé un discours dans lequel il a félicité M. Spinga pour l'œuvre qu'il venait d'accomplir, en lui disant qu'il serait pour une bonne part dans l'érection d'un monument qui fera l'admiration de tous. Il n'a pas oublié non plus les contremaîtres, tailleurs de pierre et manouvriers qui avaient contribué à ce travail d'art. Puis il a offert à M. Spinga un magnifique bouquet de roses variées, en lui disant que c'étaient les premières fleurs qu'il avait cueillies dans son jardin même.

S'adressant à M. Martin, appareilleur de M. Spinga, il l'a

prié d'annoncer à tous les ouvriers qui avaient été occupés à l'érection du monument, que le Comité mettait une somme de cent francs à leur disposition pour l'heureux achèvement de leur travail.

M. Spinga, en termes émus, a remercié M. Ruffier des compliments qu'il voulait bien lui faire et dont il conserverait un souvenir impérissable.

E. P.

Les bronzes sont arrivés le 13 juillet 1902 après la fermeture du Salon où ils étaient exposés, et le 18 juillet les figures étaient en place.

République Française

VILLE DE DOLE

3 et 4 Août 1902

3 et 4 Août 1902

INAUGURATION DU MONUMENT PASTEUR

Sous la Présidence de **M. TROUILLOT**, Ministre du Commerce, de l'Industrie, des Postes et des Télégraphes

Assisté de **M. DOUMERGUE**, Ministre des Colonies

SAMEDI 2 AOUT, à 4 heures du soir

DISTRIBUTION EXTRAORDINAIRE DE SECOURS AUX INDIGENTS par les soins du Bureau de Bienfaisance

à 8 heures et demie

SONNERIE GÉNÉRALE des CLOCHES et CARILLONS, et RETRAITE aux FLAMBEAUX

Exécutée par l'Harmonie Doloise, les Fanfares militaires, Tambours et Clairons de la Compagnie des Sapeurs-Pompiers et des Sociétés de Gymnastique

DIMANCHE 3 AOUT

A 6 heures du matin, SONNERIE DES CLOCHES

à 9 heures

RÉCEPTION OFFICIELLE, A LA GARE, DES MEMBRES DU GOUVERNEMENT

à 9 heures et demie, à l'Hôtel de la Sous-Préfecture

Réception par MM. les Ministres, des Autorités & Corps constitués

à 10 heures sur la Promenade du Cours Saint-Mauris

INAUGURATION DU MONUMENT PASTEUR

ITINÉRAIRE : Départ de la Gare, Boulevard de la Liberté, Rue Mont-Roland, Champ de Foire, Faubourg de Paris, Rue des Arènes, Rue de la Sous-Préfecture (arrêt), Rue Besançon et Cours Saint-Mauris

à Midi et demi, Salle des Fêtes

BANQUET OFFICIEL OFFERT AUX REPRÉSENTANTS DU GOUVERNEMENT

Départ du Cours Saint-Mauris, Rue Besançon et Grande-Rue

à 3 heures

VISITE OFFICIELLE DE LA MAISON NATALE DE PASTEUR

à 4 heures, sur la Promenade du Cours Saint-Mauris

GRAND CONCERT

Par la Musique du 60e Régiment d'Infanterie de Besançon

à 9 heures du soir, au Square du Pasquier

GRAND FEU D'ARTIFICE

& BRILLANTES ILLUMINATIONS GÉNÉRALES de la VILLE

LUNDI 4 AOUT

BALLON CAPTIF

Organisé par l'ÉCOLE AÉROSTATIQUE DE LYON. — Les Amateurs seront admis à faire des Ascensions

à 5 heures

Départ libre de l'AÉROSTAT, monté par Trois personnes

à 3 heures, sur le bassin du Canal Charles-Quint

MAT DE BEAUPRÉ

à 8 heures et demie, sur la Promenade du Cours

AUDITION MUSICALE

Donnée par l'Harmonie doloise, la Philharmonie, l'Orphéon et les Enfants des Écoles

Le Président du Comité	Les Adjoints, Officiers d'Académie	Le Maire de la Ville de Dole, Officier d'Académie
Ph. RUFFIER	J.-B. PILLOT — A. KRUGELL	E. RENAUD

Imp. COURBE-ROUZET, Dole (Jura)

LES PRÉPARATIFS DE LA FÊTE

Une Commission spéciale fut nommée par le Conseil municipal pour s'occuper des préparatifs de la fête d'inauguration. Elle était composée de MM. Bolle, président, Bouin, Cantenot, Faivret, Daloz, Gaudillot, Monamy, Pernin et Robert. Elle s'adjoignit naturellement M. Ruffier, président du Comité Pasteur, et M. Bouveret, architecte de la ville, dont le dévouement et le talent d'organisation dans les circonstances de ce genre sont universellement appréciés. Cette Commission crut devoir solliciter le concours des personnes suivantes qui faisaient partie du Comité Pasteur : MM. Ancourt, Barillot, Courbe, Gagey, Gros, Lavrut, Palluy, Quintard, Richenet. Ce nombre s'accrut encore au fur et à mesure des besoins.

D'accord avec le Conseil municipal, le dimanche 3 août 1902 fut adopté pour l'inauguration.

Dès le mois d'avril, un projet de programme avait été préparé par M. Bouveret. Les différentes parties de ce programme furent discutées dans les séances de la Commission et adoptées successivement, sauf des modifications légères. M. Bouveret s'était surtout préoccupé de conserver aux fêtes un caractère de dignité et de grandeur. Dans ce but, il excluait toutes les réjouissances par trop bruyantes. Il demandait même que les cirques, baraques foraines, saltimbanques, etc., qui occupent habituellement une grande partie du Cours et de la place Grévy durant les fêtes de Pentecôte, ne fussent pas tolérés; en un mot, que la journée du 3 août fût uniquement et exclusivement consacrée à fêter l'apothéose de l'illustre savant.

Il en fut décidé ainsi par la Commission et le Conseil municipal ratifia.

Sur la demande de M. Bouveret, la Commission générale se partagea en plusieurs sous-commissions.

La première, composée de MM. Ancourt, Courbe, Daloz, Gros et Lavrut, fut chargée de l'organisation des décors de la ville. La seconde, dite commission de la presse, comprenant MM. Barillot, Gagey, Monamy, Quintard, Richenet et Robert, devait s'occuper de tout ce qui se rattachait à la publicité, et préparer une liste des invitations; les directeurs des trois journaux locaux furent priés de s'adjoindre à eux. Une troisième sous-commission, dont faisaient partie MM. Bouin, Cantenot, Faivret, Gaudillot, Palluy et Pernin, assurerait les voitures et les moyens de transport, les logements pour les invités du dehors, et veillerait à tous les détails relatifs au banquet.

Ces trois sous-commissions eurent pour présidents respectifs MM. Ancourt, Richenet et Palluy.

M. Bouveret, qui avait accepté la charge et la direction générale des préparatifs, et dont l'activité infatigable avait peine à suffire à pareille besogne, assistait à toutes les réunions des commissions et sous-commissions.

La commission de la presse se réunit sans délai. Son président lui donna lecture d'une note destinée aux trois journaux de la localité. Cette note, approuvée à l'unanimité, était ainsi conçue :

« Un Comité a été constitué avec mission d'organiser les

fêtes qui auront lieu à l'occasion de l'inauguration prochaine du monument-Pasteur.

« Des sous-comités se sont réparti la besogne tant au point de vue de la décoration et des apprêts divers que de la publicité à donner à la cérémonie.

« Les travaux sur l'emplacement du Cours sont poussés activement. Tout sera prêt pour le moment indiqué, c'est à dire les premiers jours du mois d'août. Le Président de la République, ainsi que le Gouvernement, devant être invités à assister à la fête, la date exacte de l'inauguration est nécessairement subordonnée à de hautes convenances.

« Les figures du monument sont, à l'heure qu'il est, exposées au Salon, et dans la presse parisienne les critiques d'art sont unanimes à en faire le plus grand éloge.

« Une cantate en l'honneur de Pasteur, due au poète Figurey et au compositeur Ratez, tous deux franc-comtois, est dès à présent à l'étude ; elle sera exécutée par quatre cents musiciens (1). »

Cette première séance de la commission de la presse se termina par l'examen succint des invitations officielles qu'il convenait d'adresser.

Le 23 mai la Commission des décors s'occupait de la décoration de la ville et fixait provisoirement l'itinéraire que devait suivre le cortège officiel. M. Bouveret, dans cette séance, présentait les croquis d'après lesquels devaient être aménagés et décorés la salle des Fêtes (salle du banquet), les tribunes, les estrades sur le Cours. Il donnait les indications nécessaires pour la fourniture du matériel : tentures, chaises, mâts, drapeaux,

(1) C'est sur la demande de M. Bouyeret que MM. Ratez et Figurey avaient bien voulu prêter leur concours pour cette cantate.

oriflammes, pour la confection des fleurs et guirlandes, pour les arcs de triomphe, pour le feu d'artifice, pour l'éclairage du Cours à l'électricité, pour l'emplacement de l'orchestre et des chanteurs, etc., etc.

Tous ces préparatifs, toutes ces dispositions exigèrent de leur auteur des démarches dont on a peine à concevoir le nombre et souvent la difficulté.

Le 27 mai le Comité adressait aux journaux locaux une communication ainsi conçue :

« Les travaux sont poussés avec activité ; bientôt le piédestal sera en place et le monument sera certainement prêt pour le 3 août prochain qui est toujours l'époque probable de la fête d'inauguration.

« D'autre part, des groupes sont déjà en train de se former pour travailler en commun à la décoration des rues et des promenades ; mais il est bon que ces associations se multiplient et qu'il en existe dans tous les quartiers de la ville.

« Le premier élan est ainsi donné, l'entrain sera bientôt général. Le Comité fait appel à toutes les bonnes volontés en les remerciant d'avance de leur très utile collaboration.

« Les divers groupes pourront s'adresser à M. Bouveret, architecte de la ville, pour recevoir les renseignements utiles et les fournitures nécessaires à la confection des décors.

« Au jour de l'inauguration qui sera pour Dole une très grande fête, d'un caractère vraiment exceptionnel, notre ville se présentera dans une ravissante parure pour recevoir dignement ses nombreux et distingués visiteurs.

« Tous les Dolois auront à cœur de manifester avec enthousiasme leur admiration et leur reconnaissance envers le génie bienfaisant de Pasteur, et s'empresseront d'apporter leur concours pour donner plus d'éclat à cette solennité, afin de glorifier le mieux possible la mémoire de leur immortel concitoyen. »

Cet appel fut entendu. Dans chaque quartier il se forma un groupe de personnes dévouées, de dames particulièrement, qui rivalisèrent d'activité, d'ingéniosité et de bon goût, travaillant de leur mieux à la décoration de la partie de la ville qu'elles s'étaient assignée, et se tenant constamment, par l'intermédiaire de l'architecte, en relation avec le Comité général.

Le Conseil municipal, dans sa séance du 28 mai, vota par provision une somme importante pour subvenir aux frais généraux nécessités par les préparatifs des fêtes. Par délibération du 2 juillet suivant, la somme, sur devis présenté par l'architecte de la ville, fut portée à 22.000 fr., y compris 2.000 fr. pour imprévus. Dans cette même séance, le Conseil décida en outre, sur la proposition de M. Bouin, que les fêtes auraient une durée de deux jours (le dimanche 3 et le lundi 4 août).

Le 3 juin, d'importantes questions furent agitées : concert l'après-midi du 3 août, propositions des entrepreneurs relatives à la location des tribunes, feu d'artifice, illumination du Cours.

Il fut décidé que le banquet serait limité aux invitations et que nulle demande de souscription ne serait accueillie.

Dans cette même séance, M. Courbe présenta un projet d'affiche qui fut adopté avec quelques légères modifications et tiré à 325 exemplaires.

La garnison de Dole, avec l'adhésion empressée du général Bonneau et du colonel de Beuvron, du 14e Chasseurs, prit une part active aux décorations.

M. Boudriot, inspecteur des forêts de Poligny, autorisa l'envoi de 200 sapineaux.

Quant au concert, comme on ne pouvait espérer le concours de l'*Harmonie doloise*, déjà mise à contribution pendant une grande partie de la matinée, on s'adressa à Besançon. Le général Dessirier, commandant le 7e Corps d'armée, accorda très gracieusement la musique du 60e de Ligne.

Après la séance du 10 juin, la note suivante fut adressée aux journaux :

« Les rues et places qui seront décorées aux frais de la ville et grâce au zèle ingénieux des Doloises, sont : Rue des Arènes (depuis la caserne Bernard), — Grande-Rue, — Place Nationale, — Place Boyvin, — Place de la Sous-Préfecture, — Place de la Gare, — Rue de la Gare, — Boulevard de la Liberté, — Avenue Pasteur, — Rue Mont-Roland, — Rue Besançon, — Rue Pasteur, — Place Jules-Grévy.

« La population doloise répond avec un magnifique élan aux espérances du Comité. De tous côtés se sont organisés de charmants ateliers qui produisent tous les jours des merveilles de bon goût.

« Les personnes qui désirent apporter leur collaboration trouveront des fournitures chez les dames qui sont chargées d'en faire la distribution et de centraliser les matériaux. M. Bouveret leur indiquera pour chaque rue les dames qui ont bien voulu accepter cette mission. »

La séance du 24 juin fut fort intéressante. Le Comité arrêta d'abord l'inscription à graver sur le monument, comme suit :

En avant sur le fût : *A Louis Pasteur, né à Dole le 27 décembre 1822.*

En avant sur le soubassement : *L'Humanité reconnaissante.*

Et à la partie postérieure : *Souscription internationale.*

Puis le Maire rendit compte des démarches faites par lui et ses deux collègues, MM. Simonot et Jacquot, chargés ensemble de faire à Paris les invitations officielles.

Voici quel était le résultat de ces démarches :

M. Loubet, Président de la République, remerciait vivement la délégation doloise de son invitation, tout en exprimant son profond regret de ne pouvoir l'accepter, ajoutant qu'il aurait été très heureux de pouvoir présider cette belle solennité et témoigner ainsi sa vive admiration pour les immortels travaux de Pasteur.

M. Combes, président du Conseil des ministres, acceptait et désignait M. Trouillot, ministre du Commerce, pour l'accompagner.

La délégation recevait ensuite l'assurance que l'Académie française, l'Académie des Sciences, l'Académie de Médecine et l'Institut Pasteur seraient représentés à la cérémonie.

Voici quels furent les personnages désignés officiellement pour se rendre à l'inauguration :

MM.

Thureau-Dangin, directeur de l'Académie française ;

Dr Roux, sous-directeur de l'Institut Pasteur, délégué par l'Académie des Sciences ;

Dr Nocard, ancien directeur de l'Ecole vétérinaire d'Alfort, délégué par l'Académie de Médecine ;

Lucien Paté, chef de bureau au Ministère des Beaux-Arts, et Laronze, recteur de l'Université de Besançon, délégués par le Ministre de l'Instruction publique ;

Dr Chauveau, inspecteur général des Ecoles vétérinaires de France, délégué par le Ministre de l'Agriculture.

L'itinéraire du Cortège officiel que le Comité avait fixé antérieurement, fut arrêté d'une façon définitive ainsi qu'il suit :

Départ de la Gare, — Avenue de la Gare, — Boulevard de la Liberté, — le haut de la Rue Mont-Roland, — le Champ de foire, — le Faubourg de Paris, — la Rue des Arènes, — la Rue Besançon, — la Rue et la Place de la Sous-Préfecture, — le haut de la Rue Besançon, — le Cours Saint-Mauris.

Par les soins de M. Bouveret, des arrangements furent pris avec M. Habsiger, directeur d'une école d'aérostation à Lyon. M. Habsiger promit de venir organiser à Dole, le lundi 4 août, le spectacle d'un ballon captif.

En reconnaissance de la généreuse sympathie témoignée à notre entreprise, des invitations furent adressées : à l'Académie des Sciences de Saint-Pétersbourg, à l'Institut de Médecine expérimentale de la même ville, à l'Université d'Edimbourg, à la Société médicale de Berlin, à la ville de Turin. A titre tout à fait exceptionnel, le grand chirurgien Lister, de Londres, fut invité personnellement. Peu de jours après, le syndic de la ville de Turin, le docteur Lister et le Président de l'Académie des Sciences de Saint-Pétersbourg nous adressaient leurs remerciements, s'excusant de ne pouvoir accepter.

Académie Impériale
des Sciences
—
SECRÉTAIRE PERPÉTUEL
—

Saint-Pétersbourg, le ... Juillet 1902.

« Monsieur,

« En suite de Votre lettre du 16 juillet, j'ai l'honneur de vous informer que l'Auguste Président de l'Académie Impériale des Sciences, Son Altesse Impériale le Grand-Duc Constantin Constantinovitch, étant absent de Saint-Pétersbourg, ne peut pas à son regret assister à l'inauguration du monument Pasteur à Dole, le 3 août prochain.

« Je Vous prie, Monsieur le Maire, de vouloir bien agréer l'assurance de ma très haute estime et parfaite considération.

N. Donbrovine,
Secrétaire perpétuel, Académicien,
Général-Lieutenant. »

Monsieur le Maire de Dole.

---

18 Juillet 1902.

« Cher Monsieur le Maire,

« Je vous remercie cordialement de votre invitation gracieuse.

« Si il eût été possible, j'aurais éprouvé un intérêt tout à fait spécial en assistant à cette solennité en l'honneur de l'illustre homme de génie et du grand maître de qui j'ai tiré les inspirations du travail principal de ma vie. Et la visite de la ville de sa naissance m'aurait intéressé profondément. Mais malheureusement les circonstances la rendent absolument impossible.

« Agréez, cher Monsieur le Maire, l'assurance de ma considération respectueuse.

Lister. »

CITTA DI TORINO
—
Cabinetto del Sindaco
—

Turin, le 19 Juillet 1902.

« J'ai reçu Votre aimable invitation d'assister à l'inauguration du Monument à Louis Pasteur qui aura lieu à Dole, le 3 du mois prochain, et je m'empresse de Vous en exprimer les plus vifs remerciements.

« Turin, qui a voué à la mémoire de l'éminent savant et philanthrope un culte respectueux, aurait été heureuse de se faire représenter à cette fonction ; mais ça n'était pas possible à cause de travaux administratifs qui exigent ma présence ici, et de la saison avancée qui ne me consent de prier aucun de mes adjoints de se rendre à Dole, je ne peux qu'ajouter à mes remerciements pour l'invitation mes regrets de ne pas pouvoir la tenir.

« Veuillez, M^r le Maire, avoir notre Ville comme présente en esprit à la noble et solennelle fonction, et agréez l'hommage de ma considération.

Le Syndic,

BADINI.

Monsieur le Maire de Dole (Jura).

Le 17 juillet un nouvel appel était adressé à la population par le maire de Dole. En voici le texte :

« Le jour approche où sera inauguré le monument que la ville de Dole élève dans son sein au plus glorieux de ses enfants.

« Depuis plusieurs semaines, divers comités travaillent sans relâche à organiser des fêtes qui donneront à cette cérémonie un éclat incomparable. Grâce à de précieuses et innombrables bonnes volontés, la décoration des rues et des places publiques par où doit passer le Cortège officiel, promet déjà d'être des plus brillantes.

« Mais il est indispensable que l'embellissement de la ville ne se borne pas à ces mesures générales.

« La municipalité espère donc que les habitants voudront bien ajouter à la magnificence de la cérémonie en pavoisant et en décorant leurs demeures, non seulement sur le parcours du Cortège, mais encore dans les rues avoisinantes et jusque dans les quartiers les plus éloignés.

« Pasteur, le savant admiré du monde entier, mérite bien cet hommage.

« Tous les apprêts extérieurs, publics et privés, sont placés sous la sauvegarde des habitants. Chacun se fera un devoir, ces jours-là, de respecter et faire respecter ces témoignages de la piété doloise envers le bienfaiteur du genre humain.

« La population n'oubliera pas que la bonne tenue et la décence sont inséparables d'une pareille fête. Ce serait mal en comprendre le caractère que d'y mêler des joies trop bruyantes et des divertissements vulgaires. C'est un culte plus recueilli, ce sont des honneurs d'un ordre plus relevé et plus délicat que nous devons à la mémoire de notre illustre et aimé compatriote.

« Que dans ces jours de fête, dont l'éclat sera rehaussé par la présence des représentants du Gouvernement, des directeurs, présidents et délégués de hautes Sociétés littéraires et scientifiques, tous les cœurs se réunissent dans un même élan d'admiration et de reconnaissance. »

Depuis le 1er mai, le Comité n'avait pas manqué de se réunir au moins une fois par semaine pour traiter les diverses questions relatives aux Fêtes.

La formation de la liste des invités donna lieu à de nombreuses discussions. Il fallait à la fois ménager les finances de la ville, qui faisait les frais du banquet, et choisir parmi tant de personnes désignées par leur qualité ou par le concours qu'elles avaient apporté au succès de l'entreprise, sans dépasser le nombre de convives que pouvait recevoir la salle du festin. Cette liste, préparée dès le mois de mai et examinée avec le plus grand soin, subit de nombreuses modifications et ne fut arrêtée d'une manière définitive que le 31 juillet. Il est vrai que toutes les invitations imposées par les convenances avaient été envoyées bien avant cette date.

Restait une foule de petits détails à régler concernant l'attribution ou l'envoi de cartes de tribune et de chaise, le service des voitures, la marche du Cortège officiel, l'organisation et la tenue du banquet, etc. Une vingtaine de commissaires nommés parmi les jeunes gens de bonne volonté, voulurent bien, sous la direction de l'un d'eux, prêter leur concours en tant qu'il serait besoin.

La compagnie P.-L.-M., sur la demande de M. Ruffier, président du Comité, accorda gracieusement des trains supplémentaires dans les diverses directions et une réduction de 50 % sur le prix du transport de la statue de Paris à Dole. M. Gabriel de Forestier, directeur de l'exploitation des chemins de fer vicinaux, réseau de la Haute-Saône, à Gray, ne se montra pas moins obligeant ; il demanda même spontanément quelles heures conviendraient pour l'arrivée et le départ d'un train supplémentaire du tramway, le 3 août.

Mme Louis Pasteur témoignait d'avance sa gratitude par l'envoi au maire de Dole d'une somme de 300 fr. Elle demandait que cette somme fût ajoutée à celle que la municipalité destinait à la distribution extraordinaire de secours le samedi, veille de la fête. Son désir naturellement fut satisfait.

Enfin le 1er août, on pouvait lire sur les murs de la ville et dans les journaux la communication suivante :

« Le Comité remercie très chaleureusement la population doloise de l'empressement qu'elle a apporté dans les préparatifs qui l'occupent depuis plusieurs semaines.

« Le grand nombre de personnes qui s'y sont consacrées avec un zèle des plus dignes d'éloge, soit pour la direction des travaux, soit pour leur exécution, donne à ces fêtes un caractère à la fois populaire et grandiose. Que cette bonne volonté, que cet enthousiasme général redouble encore, s'il est possible, et dure jusqu'à la dernière heure !

« Que tous les cœurs soient à la joie, et que chacun conserve un profond souvenir de ces jours d'allégresse destinés à glorifier le grand homme dont la mémoire sera à jamais un sujet de légitime fierté pour notre cité qui fut son berceau !

Le Maire de Dole,

RENAUD.

Le Président du Comité,

RUFFIER. »

Cliché Poinçot

Entrée de la Promenade

Cliché X. Vaucher

Inauguration du Monument

Cliché X. Vauchier

Entrée de la Ville
du côté de la Promenade

Cliché Poinçot

Rue Besançon

LA JOURNÉE DU 3 AOUT

Le grand jour approchait. Le temps serait-il favorable ? On pouvait concevoir quelque inquiétude : la nuit du vendredi au samedi fut marquée tout entière par une série de violents orages et de pluies diluviennes qui ne cessèrent que dans l'après-midi suivant, et endommagèrent les préparatifs déjà commencés. De toutes parts on se remit à l'œuvre avec ardeur, et telle fut l'activité générale que le dimanche tout se trouva prêt de bonne heure.

Les deux journées du 3 et du 4 août furent favorisées d'un temps splendide, et amenèrent à Dole une foule telle qu'on n'en avait jamais vu de semblable.

L'aspect de la ville était véritablement féerique : on aurait pu se croire dans une de ces cités éblouissantes de splendeur dont parlent les légendes orientales. Aussi tous les spectateurs étaient dans le ravissement, et les étrangers eux-mêmes, ceux qui avaient assisté aux fêtes les plus brillantes, ne tarissaient pas en éloges et en cris d'admiration.

Sans doute, la décoration officielle ne laissait rien à désirer; mais l'initiative privée y avait ajouté des merveilles de richesse, de grâce et d'élégance. Ce n'étaient pas seulement les grandes voies et les places par où devait passer le Cortège officiel qu'on avait décorées, c'étaient tous les quartiers, les rues les plus écartées et les plus pauvres, presque toutes les maisons, même dans les faubourgs.

Les coins les plus retirés de la ville, des cours étroites, inaperçues des passants, avaient pris un air de fête. Ceux qui les habitaient firent de leur mieux pour témoigner de la vivacité de leurs sentiments dans cette mémorable circonstance. Chaque façade de maison avait sa décoration spéciale : fenêtres, balcons, vitrines de magasins, disparaissaient sous les fleurs. Partout on s'était ingénié à faire bien et beau ; partout, sous les aspects les plus variés, on avait réalisé de véritables prodiges. Le papier pour les fleurs manquant quelquefois, une personne imagina de le remplacer par des copeaux, de peindre ces copeaux pour en fabriquer des fleurs, puis d'en garnir un arc de triomphe qui ne manquait pas d'originalité.

Il fut fabriqué, pour le compte de la ville seulement, 4.000 mètres de guirlandes et plus de 100.000 fleurs. Quant aux décorations des particuliers, il est certain que ces chiffres ont été bien dépassés ; ainsi un balcon de moins de 7 mètres de longueur portait, à lui seul, plus de 800 fleurs.

Ce qui faisait le charme, le prix et aussi la valeur morale de cette grandiose manifestation, c'est le travail personnel qu'elle avait nécessité, travail incessant, poursuivi pendant des mois entiers et auquel avait pris part la population tout entière. Grands et petits, riches et pauvres, filles et femmes de tout âge et de toute condition, chacun avait rivalisé de bon vouloir, d'ardeur et de désintéressement. Des ouvriers, des ouvrières, des hommes de peine, rentrant de leur usine ou de leur atelier, après une longue journée de labeur, prenaient à peine le temps de manger et se remettaient vaillamment à *travailler pour Pasteur*. Il en est qui ont sacrifié leur salaire pour pouvoir apporter leur quote-part à l'œuvre commune. On en cite même, de ces humbles travailleurs, qui, se privant du nécessaire, s'en allaient chercher sou par sou chez le libraire du papier de couleurs diverses pour en confectionner des fleurs. Tant de dévouement, tant d'abnégation chez ces pauvres personnes nécessiteuses, a dû aller au cœur de Mme Pasteur et de sa famille.

Il est impossible de détailler une à une toutes ces magnificences décoratives. On se contentera de signaler les principaux arcs de triomphe, ceux qui ornaient l'avenue de la Gare, la rue Mont-Roland, la place de la Sous-Préfecture, la Grande-Rue, l'entrée de la rue Pasteur, les rues du Repos et du 21-Janvier. Les rues par où devait passer le Cortège officiel étaient transformées en véritables voies triomphales. On ne peut se figurer, si on ne l'a vue de ses yeux, l'admirable perspective qu'offrait aux regards la longue artère qui va de la caserne Bernard à la place Jules-Grévy. C'était une interminable allée de mâts portant des écussons, des trophées de drapeaux, des corbeilles de fleurs et de verdure artistement et savamment disposées, alternant avec de jeunes sapins au vert feuillage et reliés les uns aux autres longitudinalement, transversalement, diagonalement, par une multitude de guirlandes de buis, de mousse, piquetées ou recouvertes de fleurs de toutes couleurs, de toutes grandeurs et de toutes espèces : roses, bluets, pivoines, pavots, coquelicots, soleils, iris, acacias, hortensias, boules de neige, glycines, clématites, marguerites, etc., imitations des plus riches produits de nos jardins. Et partout, mêlés à ce ruissellement de créations artificielles pour leur donner en quelque sorte l'âme et la vie, les traits ou les initiales du héros de la fête. A mesure qu'on approchait du cours Saint-Mauris, en suivant la rue Besançon, le spectacle semblait augmenter encore de grandeur et d'éclat.

Les indigents, comme à l'ordinaire, eurent les prémices de la fête. Dans l'après-midi du 2 août, le Bureau de bienfaisance leur ouvrit ses portes : les libéralités de la ville et le don généreux de Mme Pasteur permirent de faire d'abondantes distributions.

Le soir, la retraite aux flambeaux, préliminaire obligé des grandes fêtes, fut plus animée que jamais ; on était tout à la joie du lendemain.

La journée du 3 août commença par une cérémonie religieuse. L'heure en avait été avancée pour permettre plus facilement de s'y rendre. Aussi l'assistance fut-elle très nombreuse. On remarqua autour du catafalque les principaux personnages invités à l'inauguration : MM. Roux, Thureau-Dangin, J.-B. Pasteur, Challan de Belval, Boutroux, doyen de la Faculté des Sciences de Besançon, d'Aligny, conseiller général, le Corps médical de Dole, plusieurs membres du Conseil municipal et du Comité Pasteur, etc. Au cours de la cérémonie, M. le chanoine Guichard, curé de Dole, prononça un beau discours dont on trouvera le texte plus loin.

A l'heure convenue, neuf heures précises du matin, le train ministériel, signalé par une salve d'artillerie, entrait en gare. L'*Harmonie Doloise* jouait la *Marseillaise*, les trompettes du 14e Chasseurs et du 7e Escadron du Train, massés dans la cour de la gare, sonnaient aux champs. M. Trouillot, ministre du Commerce, de l'Industrie, des Postes et Télégraphes, qui venait présider la cérémonie d'inauguration, était salué à la descente du wagon par M. le général Dessirier, commandant le 7e Corps d'armée, et par M. Trépont, préfet du Jura, et les sous-préfets de Dole, de Poligny et de Saint-Claude. Dans la foule qui se pressait sur le quai de la gare, on remarquait, avec quelques députés, les membres de la famille Pasteur et un grand nombre d'illustrations et de notabilités de tous genres. Toutes les administrations, tous les services publics, tous les corps électifs y figuraient : l'Institut, l'Université, l'Armée, la Magistrature, les Finances, le Corps médical, le Conseil général, le Conseil d'arrondissement, le Conseil municipal de Dole, les Maires de beaucoup de chefs-lieux de cantons et de villes du voisinage, les Membres de la presse, du comité Pasteur et de ses nombreuses sous-commissions, etc.

M. Trouillot est reçu par M. Renaud, maire de Dole, qui le conduit dans le salon de réception de la gare, somptueusement aménagé, et, entouré de ses adjoints, présente au Ministre les membres du Conseil municipal.

Puis le Cortège se met en route. Vingt-six voitures, gracieusement offertes par diverses personnes de la ville, portant les principaux invités et précédées du landeau ministériel, suivaient lentement l'itinéraire convenu.

La foule qui était énorme près de la gare et sur tous les trottoirs des rues, regardait ce long défilé avec une curiosité sympathique et une joie contenue, sans cris, sans le moindre désordre. Le génie bienfaisant du grand homme planait sur cette foule enthousiasmée et la maintenait dans les limites de la plus étroite bienséance.

Le service d'ordre était admirablement fait. Sur la place de la gare, sur celle de la Sous-Préfecture, partout où le Cortège devait passer, étaient échelonnées des troupes en grande tenue : le 14e Régiment de Chasseurs à cheval, le 7e Escadron du Train des équipages, la Compagnie des Sapeurs-Pompiers, des détachements de la Gendarmerie.

Arrivé à l'Hôtel de la Sous-Préfecture, le Ministre, après les présentations officielles, rapidement expédiées vu le peu de temps à y consacrer, remit de très nombreuses décorations et distinctions honorifiques.

Le public a remarqué que dans cette longue liste de faveurs

gouvernementales ne figurait aucun membre du Comité Pasteur.

Cependant la foule s'était portée en hâte vers le Cours afin de s'approcher le plus possible du monument. Là encore un service d'ordre avait été habilement organisé pour éviter toute confusion. Les personnes munies de cartes furent seules admises dans les enceintes qui leur étaient réservées.

Notre cours Saint-Mauris est connu de tous les touristes, de tous les amateurs de la belle nature et des beaux horizons. A mesure qu'on s'avance dans la grande allée, on voit peu à peu se développer devant soi l'un des plus magnifiques panoramas de la Franche-Comté. Au printemps surtout, quand le soleil commence à échauffer l'atmosphère, rien d'attrayant comme cette enceinte verdoyante et fraîche, fleurie de mahonias et de cognassiers du Japon, où voltigent les mésanges et les pinsons, où chantent les fauvettes et les rossignols.

C'est là, un peu à l'écart, que s'élève la statue de Pasteur, entourée d'une gracieuse ceinture de jeunes arbres au feuillage varié. Le monument a neuf mètres de haut. Pasteur est représenté debout, sur un piédestal cylindrique, dans une attitude méditative. Il cherche la solution d'un de ces problèmes de la science auxquels il a voué sa vie entière. La colonne massive, et cependant élégante, est de fort belle apparence. Elle est ornée à la base de sculptures en relief, représentant d'un côté un chien enragé, de l'autre deux moutons, des ceps de vigne entrelacés, chargés de grappes, et des tiges de houblon et de mûrier. Elle s'élève sur un socle en gradin reposant sur une large plate-forme. Au-devant du socle se dresse, dans un mouvement superbe, le Génie de la science qui, d'une main, tend une palme à Pasteur, et de l'autre montre le grand savant à l'Humanité souffrante, assise éplorée, tenant en ses bras deux enfants d'âge différent, atteints de maux terribles et mystérieux, la rage sans doute et le croup. L'expression de douleur de l'Humanité est saisissante de réalisme. Toutes les figures sont en bronze. Les noms du statuaire Carlès, de l'architecte Léon Chifflot et de l'entrepreneur Spinga sont gravés sur le socle. Les inscriptions sont telles que nous les avons indiquées. Par une disposition heureuse, la statue est tournée juste en face de la rue où se trouve la maison natale de Pasteur.

Aux beautés naturelles de l'emplacement ont été ajoutés, pour le jour de l'inauguration, les artifices d'une savante mise en scène. De chaque côté de l'entrée principale de la promenade du Cours étaient disposées, en forme d'hémicycle, des pelouses recouvertes de gazon et des corbeilles de plantes vertes et de fleurs naturelles, d'où émergeaient des socles supportant deux statues du Val d'Osne, empruntées pour la circonstance au parc de M. Jacquot qui les a mises gracieusement à la disposition du Comité.

L'une de ces figures représentait *Vénus au bain*, par Allegrain (le marbre original est au Musée du Louvre), et l'autre, le *Sommeil de l'Innocence*, par A. Caravanniez.

Des mâts peints, ornés d'oriflammes, de couronnes aux initiales L. P. et d'écussons garnis de drapeaux, reliés les uns aux autres par des guirlandes en verdure agrémentées de boules de neige en papier, formaient l'enceinte extérieure de ce parterre improvisé que protégeait à la base une clôture en treillage.

Une riche tenture drapée à l'italienne, en velours grenat frangé d'or, garnissait la porte couronnée de son motif artistique en fer forgé, au centre duquel était placé un cartouche aux initiales L. P. surmonté de drapeaux tricolores et aux armes de la ville.

Dans l'axe et dans toute la longueur des deux allées latérales, des portiques en treillage d'ornement, peints en vert, d'une belle et élégante ordonnance architecturale, d'ordre ionique, formaient un cadre magistral où la foule circulait à l'aise pour se rendre au rond-point de la promenade où se trouve placé le monument.

Ces motifs prenaient ainsi une extraordinaire légèreté et un éclat absolument merveilleux.

Des oriflammes au sommet des pilastres, des couronnes aux initiales L. P., surmontées de trophées de drapeaux, placées dans la frise et dans l'axe de chaque travée, étaient reliées entre elles par des guirlandes garnies de fleurs. Des sapins étaient disposés dans les vides des pilastres.

Le soir, une rangée de 1.200 lampes électriques renfermées dans des roses en papier dessinaient d'un trait lumineux le sommet des portiques. Des lampes à arc, avec foyers projecteurs, placées en avant du monument, déversaient des flots de lumière électrique, accentuant d'ombres et de clartés superbes les sculptures et les figures du monument.

Tous les candélabres de la grande allée avaient été garnis de bouquets de gaz de onze becs chacun, et des lanternes vénitiennes étaient disposées dans les arbres qui forment le fond du rond-point, derrière le monument.

L'aménagement des tribunes n'était pas moins remarquable. Celle de droite, qui pouvait contenir 300 personnes, se garnit la première. Les dames y étaient en grande majorité. Leurs toilettes claires et d'un goût exquis (le bon goût est, comme on sait, une des qualités maîtresses de notre population féminine) s'harmonisaient parfaitement avec le cadre riant et ensoleillé des arbres de la promenade.

La tribune de gauche, destinée particulièrement aux invités officiels, et qui contenait 250 sièges, était encore vide.

Entre les deux tribunes, juste en face du monument, étaient

disposées quelques rangées de chaises. Là prirent place d'abord Mme Pasteur et tous les siens, avec les intimes de la famille ; derrière eux les membres du Comité.

Vers onze heures arrive le Ministre avec sa nombreuse suite. La tribune officielle se garnit rapidement et la cérémonie d'inauguration commence. *L'Harmonie doloise* entonne l'hymne national que l'on écoute debout ; le voile qui recouvrait le monument s'abaisse, et toute l'assistance éclate en longs applaudissements. M. Trouillot qui préside donne la parole à M. Ruffier, président du Comité. Le discours de M. Ruffier et ceux des orateurs qui lui succédèrent, seront reproduits à la fin de cet opuscule. Voici, pour le moment, les noms et les qualités des divers orateurs :

MM.

Ruffier, président du Comité ;
Renaud, maire de la ville de Dole ;
Thureau-Dangin, directeur de l'Académie française ;
Dr Roux, délégué de l'Académie des Sciences ;
Mollard, député de l'arrondissement de Dole ;
Dr Billon, au nom de la Société des médecins du Jura ;
Lucien Paté, délégué du Ministère de l'Instruction publique ;
Dr Gagey, doyen du Corps médical de Dole ;
Brenet, président de l'Association des Etudiants de Besançon ;
Chaintre, au nom de la Société d'Agriculture de Dole ;
Dr Challan de Belval, délégué de l'Association des Francs-Comtois de Marseille ;
Trouillot, ministre du Commerce, de l'Industrie, des Postes et Télégraphes, président de la cérémonie.

Tous ces discours furent fréquemment interrompus par des applaudissements. Plusieurs d'entr'eux ont produit sur les auditeurs une impression émouvante, et à la lecture ils ne perdent rien de leur puissante éloquence.

La cantate, dont les paroles sont du poète dolois bien connu, M. E. Figurey, et la musique, de M. Emile Ratez, autre franc-comtois, directeur du Conservatoire de Lille, a été exécutée ensuite par 400 orphéonistes, sous la direction de M. Ratez lui-même. La partition, écrite pour un chœur mixte à six parties, a produit le plus grand effet. Paroles et musique font honneur à leurs auteurs, comme l'interprétation aux choristes et aux musiciens. Les enfants des écoles de la ville, garçons et filles, mêlaient leurs voix fraîches et mélodieuses à ce concert d'exécutants.

Vers la fin de l'audition, ces jeunes garçons et ces jeunes filles, en tenue de fête et formant de longues théories, passaient devant la statue en entrecroisant leurs mouvements, et chacun d'eux, une palme dorée à la main, l'inclinait devant Mme Pasteur et la déposait ensuite au pied du monument. Ce charmant défilé, dû à l'esprit inventif de l'organisateur de la fête, a obtenu un vif succès.

La cérémonie d'inauguration terminée, le Cortège se reforme pour se rendre à la salle des Fêtes où avait lieu le banquet offert par la ville de Dole au représentant du Gouvernement et aux invités. Dans le trajet, on admira de nouveau cette belle rue Besançon, si artistement ornée et pavoisée, et la place de la Poste, et la Grande-Rue qui ne le cédait guère à la rue Besançon en magnificence.

La salle du banquet offrait un spectacle ravissant. Ici le talent de l'organisateur s'est surpassé. D'abord, derrière la table d'honneur placée au fond de la salle et dans toute sa longueur, c'est comme une véritable exposition d'horticulture où sont accumulées avec art et goût les fleurs les plus variées et les plus belles. Au-dessus, émerge d'un faisceau de drapeaux tricolores le tableau de François Lafon, représentant Louis Pasteur dans son cabinet de travail. De chaque côté, les grandes dates : *Dole, 1822 — Villeneuve-l'Etang, 1895*. A droite et à gauche, des inscriptions reproduisent quelques paroles mémorables de Pasteur à différentes époques de sa vie. En avant de la table d'honneur, une table parallèle, destinée à la presse, et par derrière, sur une haute stèle, faisant face à la table d'honneur, le buste de Pasteur par le célèbre sculpteur Perraud. De distance en distance, au milieu de trophées, des tableaux en lettres rouges rappellent les dates des travaux du savant. Les murs de la salle disparaissent entièrement sous les guirlandes, les trophées et les tentures, et de la voûte en fer ouvragé tombent encore et toujours des fleurs multicolores et enguirlandées.

Sept tables disposées de manière à former un carré long reçoivent environ 250 convives.

M. Trouillot préside. A ses côtés prennent place à la table d'honneur formée de 40 couverts :

A droite :

MM.

Renaud, maire de Dole ;
Laronze, délégué du Ministre de l'Instruction publique ;
Le général Dessirier, commandant le 7e Corps d'armée ;
Vallery-Radot, gendre de M. Pasteur ;
Carlès, l'auteur de la statue ;
Lecomte, président du Tribunal civil de Dole ;
De Beuvron, colonel du 14e Chasseurs ;
Dr Loir, neveu de Mme Pasteur ;
Neveu, président du Conseil d'arrondissement ;
Martin, chef d'escadron du Train des équipages.

A gauche :

MM.

Trépont, préfet du Jura ;
J.-B. Pasteur, fils du savant ;
Lucien Paté, chef de bureau au Ministère des Beaux-Arts ;
Léon Chifflot, architecte du monument ;
Vallery-Radot fils ;
Arloing, directeur de l'Institut Pasteur, à Lyon ;
Aldebert, sous-préfet de Dole ;
Bury, vice-président du Conseil de préfecture ;
Bouju, sous-préfet de Saint-Claude ;
Barrand, ingénieur en chef des Ponts et Chaussées, à Lons-le-Saunier.

En face, vis-à-vis le Ministre, est assis :

M. Ruffier, président du Comité Pasteur.

A sa droite :

MM.

Mollard, député de Dole ;
Dr Chauveau, délégué du Ministre de l'Agriculture ;
Dr Roux, délégué de l'Académie des Sciences ;
Dr Prieur, directeur de l'Ecole de Médecine et de Pharmacie de Besançon ;
Cère, député de Saint-Claude ;
Fonteneau, chef de cabinet du ministre M. Trouillot ;
Boilley, maire d'Arbois ;
Stromeyer, sous-préfet de Poligny ;
Cour, conseiller à la Cour d'appel de Besançon.

VILLE DE DOLE

INAUGURATION

DU

MONUMENT PASTEUR

3 Août 1902

Banquet Officiel

OFFERT

AUX REPRÉSENTANTS DU GOUVERNEMENT

MENU

Hors-d'Œuvre variés
Melon glacé
Saumon sauce Hollandaise
Filet de Bœuf Jurassienne
Jambon d'York à la Gelée
Haricots verts
Poulardes truffées
Ecrevisses en buisson
Glaces aux fruits
Gâteaux Dolois
Fruits
Desserts

VINS FINS

Graves — Mercurey — Champagne
Café — Liqueurs

Imp. [illegible] - Dole-du-Jura.

REPRODUCTION des PHOTOGRAPHIES OFFERTES par la VILLE de DOLE

à M. PASTEUR, le 27 Décembre 1892, pendant la Cérémonie de son Jubilé

MAISON NATALE
DE LOUIS PASTEUR

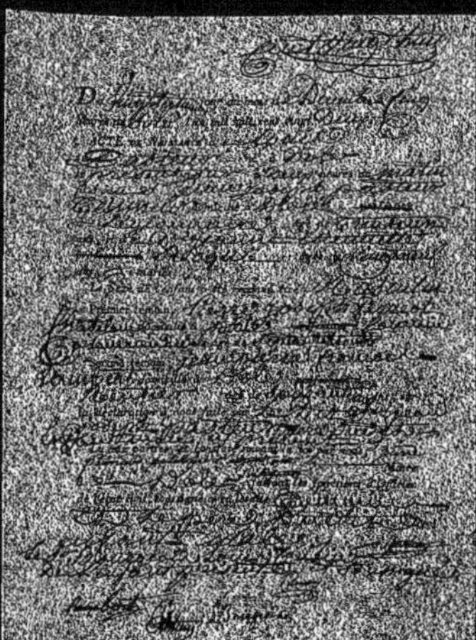

ACTE DE NAISSANCE
DE LOUIS PASTEUR

A sa gauche :

MM.

Pillot, 1er adjoint au maire ;
Dr Nocard, délégué de l'Académie de Médecine ;
Général Bonneau, commandant la Brigade de cavalerie ;
Bolle-Besson, président de la Commission des Fêtes ;
Dr Chapuis, maire de Lons-le-Saunier ;
Dr Phisalix, représentant du Muséum d'histoire naturelle ;
Le chanoine Guichard, curé de Dole ;
Cantenot, président du Tribunal de Commerce de Dole.

M. Thureau-Dangin s'était par avance excusé de prendre part au banquet.

Un grand nombre de personnes invitées s'étaient également excusées, déclarant ne pouvoir se rendre à l'inauguration.

A la table de la Presse étaient assis les représentants de l'*Illustration*, de l'*Union républicaine* du Jura, de la *Dépêche républicaine* de Besançon, de l'*Indépendant*, de la *Liberté* de Lons-le-Saunier, du *Nouvelliste* et du *Progrès* de Lyon, du *Petit Bourguignon*, de l'*Avenir du Jura*, de la *Croix Jurassienne*, etc.

Quatre longues tables, placées perpendiculairement aux précédentes, recevaient les autres invités, chefs de service, conseillers généraux et d'arrondissement, conseillers municipaux, maires de communes, représentants de sociétés, membres du Comité Pasteur, etc.

Une dernière table fermait le rectangle.

Le banquet fut servi par l'Hôtel de Genève à la pleine satisfaction des convives. Pendant le festin, l'excellente musique du 60e de Ligne, qui déjà s'était fait entendre dans la cour de la

Sous-Préfecture durant les réceptions officielles, exécuta plusieurs morceaux qui furent très applaudis. Au dessert, des toasts furent portés au Président de la République, au Ministre délégué du Gouvernement, à la famille Pasteur, etc. Le maire de Dole lut la dépêche suivante qu'il venait de recevoir et qui souleva des bravos universels :

« Monsieur le Maire,

« Je m'empresse de vous exprimer mes profonds remerciements pour la gracieuse invitation que vous avez bien voulu m'adresser et, en même temps, mes plus vifs regrets de ne pas pouvoir assister personnellement à l'inauguration du monument Pasteur.

« Agréez, Monsieur le Maire, les félicitations les plus empressées de la part de l'Institut impérial de médecine expérimentale à Saint-Pétersbourg, cette œuvre créée d'après les idées du grand bienfaiteur de l'humanité dont la ville de Dole a l'avantage d'être le lieu de naissance, et veuillez être l'interprète de nos sentiments d'admiration et de reconnaissance envers l'immortel Pasteur auprès de la ville de Dole et du Comité d'organisation.

Directeur suppléant,

WLADIMIROFF.

Le Ministre, suivi d'un certain nombre d'invités, alla ensuite visiter l'Hôpital. M. le docteur Briand, un des chirurgiens de l'établissement, en fit les honneurs, et il émit le vœu que désormais l'Hôpital reçut le nom de Pasteur. Cette proposition ne pouvait qu'être accueillie favorablement.

Tout le Cortège, suivi d'une foule considérable, se rendit

ensuite à la maison natale du savant, maison de modeste apparence comme on sait, mais que les habitants ce jour-là avaient décorée d'une manière brillante. Le Ministre et les principaux personnages de sa suite visitèrent avec émotion cette demeure devenue historique. La rue Pasteur s'était, du reste, dans toute sa longueur embellie admirablement pour faire honneur à son glorieux patron.

On se rendit ensuite au cours Saint-Mauris afin d'entendre le beau concert donné par l'infatigable musique du 60e de Ligne. Mais le Ministre dut bientôt reprendre, escorté comme le matin, le chemin de la gare pour rentrer à Paris.

La journée se termina par un brillant feu d'artifice. On illumina de toutes parts : la statue, la promenade du Cours, les rues, les places, la ville tout entière fut inondée d'une lumière intense ; et, bien avant dans la soirée, les trains qui avaient déversé toute cette foule de forains et d'étrangers les remportèrent joyeux et bruyants, heureux d'avoir assisté à la plus imposante des cérémonies et à la plus magnifique exhibition décorative que jamais ville en fête ait présentée.

Le lendemain, une foule nombreuse encore circulait dans la ville et sur la promenade, autour du monument, admirant dans le détail tout ce qu'elle n'avait pu voir la veille que d'une façon un peu sommaire. La Commission des fêtes avait d'ailleurs réservé pour ce jour-là quelques attractions, notamment des jeux sur l'eau et l'ascension d'un ballon. Cet aérostat, monté par M. Habsinger, capitaine-chef aéronaute de l'Ecole aérostatique de Lyon, et un de ses élèves, après s'être élevé verticalement aux acclamations des spectateurs, se dirigea vers le Nord et alla sans accident atterrir près de Châtenois à une dizaine de kilomètres de Dole.

La famille Pasteur a été profondément touchée de tous ces

témoignages d'amour et de vénération pour son illustre chef, et elle en a exprimé sa profonde reconnaissance aux représentants de la ville et aux membres du comité. Mme Pasteur s'était fait conduire en voiture par les rues et avenues principales pour en contempler à l'aise les merveilleux décors. Elle se rendit aussi à l'église Notre-Dame où elle demanda qu'on voulût bien lui présenter le Registre des actes de baptême. On devine quel est l'enfant dont sa pieuse curiosité désirait voir le baptistaire. Dans sa longue promenade à travers la ville, rencontrant presque à chaque pas les initiales et les traits de son mari exposés aux regards dans des auréoles de fleurs, elle ne pouvait contenir son émotion.

Jamais l'art du photographe ne trouva plus belle occasion de s'exercer. La Commission des Fêtes s'entendit avec un amateur dolois, M. le baron de Fritsch, pour la reproduction du monument et de différents quartiers de la ville les plus pittoresques et les mieux décorés. M. de Fritsch voulut bien, à titre purement gracieux, exécuter ce travail dans lequel il eut pour collaborateurs quelques dames et plusieurs amateurs de notre ville. Un album fut ainsi préparé, contenant cinquante-six vues photographiques fort belles et destiné à Mme Pasteur. Un second exemplaire est déposé à la Bibliothèque municipale.

Le soir du 4 août le temps changea ; la pluie se mit à tomber, mais la Fête était finie. Quelques jours après, on lisait sur les murs de Dole la proclamation suivante :

« Mes chers Concitoyens,

« Le spectacle merveilleux qu'offrait notre ville en ces jours de fête, a provoqué l'admiration des étrangers et profondément ému Mme Pasteur et ses enfants.

Cliché Bon de Fritsch Obj. Goerz

Rue des Arènes

Cliché Poinçot

Rue des Arènes

Cliché Poinçot

Grande-Rue

Cliché X. Vaucher

Entrée de la Rue Pasteur

« Merci donc à vous tous et à vous toutes qui, grands ou petits, riches ou pauvres, habitants de la ville ou des faubourgs, d'un même élan de reconnaissance enthousiaste et avec un même généreux et touchant dévouement avez contribué à l'éclat de cette Fête splendide et montré avec quel cœur la ville de Dole, dans ce jour inoubliable, a su honorer la mémoire de Louis Pasteur, son génial enfant.

Le Maire de Dole,

Emile RENAUD,

Chevalier de la Légion d'honneur. »

Dole, le 7 Août 1902.

A son tour, le Comité Pasteur adressait par la voie des journaux ses remerciements à la population doloise dans les termes suivants :

« Au moment de se dissoudre, sa tâche étant terminée, le Comité Pasteur tient à remercier de nouveau les habitants pour l'activité, l'intelligence et le dévouement qu'ils ont apportés à rendre la cérémonie digne de celui qui en était l'objet.

« Jamais fête ne fut plus brillante, plus féerique et en même temps plus populaire et plus marquée du respect de toutes les convenances. Les étrangers en étaient émerveillés et ne tarissaient pas en éloges dont la sincérité ne pouvait être douteuse.

« Dole peut se glorifier d'avoir donné avec profusion, avec une variété infinie de décors et d'ornements de toute nature, un exemple inimitable de bon goût et d'universel enthousiasme. L'honneur en revient à la population tout entière, laquelle, sans distinction d'âge, ni de sexe, ni de condition, a multiplié ses efforts et ses soins pour élever son hommage à la hauteur du grand homme qui fera à jamais la gloire et l'orgueil de notre Cité.

« Encore une fois merci à tant de bonnes volontés, à tant d'intelligentes initiatives, à tant de labeur désintéressé, que devait couronner le succès le plus éclatant.

Le Comité Pasteur. »

Dole, 11 Septembre 1902.

En rendant compte des fêtes, le *Temps* avait émis l'idée d'une souscription publique pour acheter la maison natale de Pasteur et la donner à la ville de Dole. Cette idée a été reprise par M. Olivier, directeur de la *Revue générale des Sciences pures et appliquées*, qui en a fait l'objet d'une communication au congrès de l'*Association française pour l'avancement des Sciences*, réuni à Montauban. Cette maison pourrait être transformée en Musée qui perpétuerait la mémoire de l'illustre savant.

Pareille cérémonie ne pouvait manquer d'exciter la verve de quelques amis des Muses. Sans parler de la cantate de M. Figurey et des belles stances de M. Paté, plusieurs pièces de vers, dues à des dolois, ont paru à cette occasion pour glorifier notre illustre concitoyen.

Enfin, le 30 septembre, une délégation du Comité, composée de MM. Ruffier, président de ce Comité, Renaud, maire de Dole, Ancourt, Bouveret, Palluy, Quintard, Richénet et Robert, se rendit à Arbois pour offrir à Mme Pasteur l'Album photographique dont il vient d'être question. Cet Album, artistement exécuté par le relieur dolois, M. Batot, et enfermé dans un riche écrin, fut présenté à Mme Pasteur et à sa famille par M. Ruffier qui prononça alors les paroles suivantes :

« Madame,

« J'ai l'honneur de vous présenter la délégation du Comité du Monument élevé en notre ville à la glorification de votre auguste époux.

« Nous venons vous offrir, à vous, Madame, et aux honorables membres de votre famille, nos plus respectueux hommages et vous assurer de notre profonde gratitude pour le bienveillant accueil dont vous nous honorez aujourd'hui.

« Si c'était pour nous un devoir impérieux de venir vous saluer avant votre départ de la Franche-Comté, nous avions aussi à cœur de vous exprimer combien nous sommes heureux et fiers d'avoir vu nos efforts et notre dévouement couronnés d'un succès qui a dépassé toutes nos espérances. Ce succès se justifie bien et par la majesté du monument et par l'élan passionné de notre population tout entière, jalouse d'imprimer aux fêtes de son inauguration un caractère de grandeur inusité, digne de son glorieux concitoyen.

« Il vous a été donné, Madame, de contempler l'ampleur et la richesse des décorations de nos monuments, de nos promenades et de nos voies publiques, la variété et la grâce de celles arborées à chaque étage des plus nobles comme des plus humbles de nos habitations, tout cet ensemble élégant et harmonieux, qui faisait de notre cité, à l'ordinaire si simple et si modeste, comme un merveilleux Eden émaillé de milliers de fleurs aux couleurs chatoyantes, qu'avivaient encore les flammes vibrantes de notre étendard national.

« Ce sont des souvenirs de ces grandes fêtes, où Dole a mis tout son cœur, tout son amour pour le plus illustre de ses enfants, que vous trouverez encartés dans les feuillets de ce modeste Album dont nous avons l'honneur de vous faire hommage.

Nous osons espérer, Madame, qu'il vous agréera de le consulter quelquefois.

« Vous y trouverez, presque à chaque page, un témoignage de l'admiration et de la reconnaissance de nos concitoyens pour le Grand Savant, dont le noble caractère et l'œuvre féconde auront illuminé sa ville natale d'un reflet impérissable. »

Mme Pasteur et tous les siens, très sensibles à ce nouvel hommage, remercièrent avec effusion.

Le Comité a été heureux de pouvoir offrir encore à Mme Pasteur un souvenir de même nature. M. Maurice Bolle, délégué par ce Comité, était reçu à Paris le 29 novembre 1902 par la famille Pasteur, et lui remettait un stéréoscope spécial à crémaillère, fabriqué par la maison Richard, de Paris, et contenant 34 clichés sur verre, œuvre de M. Vaucher, avocat à Lons-le-Saunier. M. Maurice Bolle remettait en même temps 13 photographies sur carton, dues à M. Poinçot, ingénieur de la Cie des Chemins de fer P.-L.-M. Toutes ces photographies, exécutées avec un talent des plus remarquables, rappelaient à Mme Pasteur des souvenirs très intéressants de la Fête du 3 août.

Un dernier mot pour terminer cet historique. Dans le courant d'octobre, le Conseil municipal fut informé que le ministre de l'Agriculture, M. Mougeot, et son collègue, M. Chaumié, ministre de l'Instruction publique et des Beaux-Arts, mettaient à la disposition du Comité Pasteur, le premier une somme de 200 fr., le second une somme de 5.000 fr. pour participer aux frais d'érection de l'œuvre superbe de MM. Antonin Carlès et Léon Chifflot.

L'histoire mettra certainement Pasteur au premier rang des grands hommes qu'a produits le XIXe siècle, si fécond en

Cliché X. Vaucher

Maison Pasteur

illustrations de tout genre. Dole, qui lui a donné le jour, s'est faite éblouissante pour honorer dignement sa mémoire. Le monument qu'elle lui a élevé n'a rien à redouter des vicissitudes humaines ; les immenses services qu'a rendus ce génie tout de bienfaisance, échappent aux vaines disputes et sont pour leur auteur le gage assuré d'une gloire immortelle.

DISCOURS

DE

M. LE CHANOINE GUICHARD, CURÉ DE DOLE

A la Cérémonie religieuse du matin

3 AOUT

Le 15 janvier 1822, on apportait en cette église au vénérable M. Lompré, curé de Dole, pour qu'il y reçoive le baptême, un petit enfant dont le nom devait avoir dans la suite une célébrité universelle. Il m'a semblé que la vieille Eglise où Pasteur a reçu le baptême ne devait point rester étrangère à l'hommage grandiose que s'apprête à lui rendre aujourd'hui sa ville natale. Je vous remercie, Messieurs, et vous tous, mes Frères, si nombreux ici, d'avoir si bien répondu à ma pensée.

Au milieu des discours, des chants et de ces rues en fête, les chrétiens élèvent plus haut leurs regards. Ils se rappellent que ceux qui ont quitté cette terre, ne sont jamais entièrement disparus pour nous, que des liens intimes continuent de nous unir, que l'Eglise nous invite, et c'est souvent un grand devoir de reconnaissance, à nous souvenir d'eux dans nos prières, particulièrement sous certe forme de supplications solennelles qui lui est habituelle, en attendant l'éternelle réunion dans le séjour de la Paix.

Pasteur mérite, ai-je besoin de le dire, tous ces hommages et toutes ces prières. Il est bien peu d'hommes qui aient accompli un pareil labeur, une œuvre aussi considérable, qui aient été comblés durant leur vie de tant d'honneurs, qui aient laissé après eux une mémoire aussi universellement entourée d'admiration et de reconnaissance.

Au jour de sa réception à l'Académie française, on lui adressait ces paroles de bienvenue : « Cette flamme divine, ce souffle indéfinissable qui inspire la science, la littérature et l'art, nous l'avons trouvé en vous, Monsieur, c'est le Génie. »

Le Génie qui est l'apanage d'un si petit nombre parmi les hommes, certes, il l'avait, mais combien différent du génie qui fait les grands conquérants et qui n'arrive à la gloire qu'en faisant verser tant de larmes; du génie qui fait les grands artistes et les grands poètes, et ne s'adresse qu'à une petite élite de l'humanité.

Par le génie de ses admirables découvertes, par la révolution profonde qu'elles ont opérée dans la médecine, que je vois ici si bien représentée, combien Pasteur n'a-t-il pas consolé de foyers, combien de générations humaines n'a-t-il pas soulagées ou sauvées ? Aujourd'hui, dans de nombreux discours, des voix plus compétentes que la mienne raconteront, à ce point de vue, sa gloire et ses innombrables bienfaits. Je voudrais ici, en quelques paroles extrêmement brèves, étant tellement limité par le temps, retracer quelques traits rapides de sa belle figure et de sa vie.

Celui qui a été son ami et le continuateur de son œuvre, le célèbre docteur Roux, il nous permettra de le dire ici, qui, en s'inspirant de la méthode pastorienne, rend chaque jour de petits êtres charmants aux embrassements et à la joie des mères, le docteur Roux a dit de son maître cette parole : « L'œuvre de Pasteur est admirable, elle montre son génie, mais il faut avoir vécu dans son intimité pour connaître la bonté de son cœur, et j'ajouterai la noblesse de son caractère et l'élévation de son âme. »

Doué d'une nature exquise, merveilleusement riche et pondérée, il unissait en lui ce que l'on trouve si rarement associé : l'esprit le plus rigoureux du savant avec une âme d'artiste et de poète ; s'appliquant avec une opiniâtreté inouïe au travail le plus ardu et s'enthousiasmant des méditations de Lamartine, pleurant comme il nous le dit lui-même à la lecture d'une histoire émouvante, descendant le plus aisément des hauteurs de ses envolées, de ses institutions de génie aux détails les plus minutieux d'une observation scientifique. Toujours simple et modeste au milieu des plus grands honneurs, d'une abnégation, d'un désintéressement absolu dans sa laborieuse vie, les études les plus absorbantes, les plus arides, ne lui firent jamais rien perdre de cette bonté, de cette délicatesse de cœur qui lui étaient si naturelles.

Il a tendrement, fidèlement, généreusement aimé ce qu'il y a de meilleur en ce monde : son foyer, son pays et son Dieu.

On ne peut pas suivre sans attendrissement cette touchante correspondance de famille, cette intimité avec ses sœurs dont il s'était constitué le précepteur, auxquelles il écrivait : « Mes chères sœurs, travaillez et aimez-vous bien, une fois que l'on est fait au travail, on ne peut plus vivre sans lui, » cette affection si respectueuse et si profonde pour ses chers parents, son attachement pour le petit coin d'Arbois où il avait vécu ses années d'enfance, dont la nostalgie lui a rendu d'abord le séjour de Paris insupportable, où il aimait à revenir jusqu'aux dernières années de sa vie. Et quelle constance dans l'amitié ! Des amitiés de cinquante ans, des amitiés sans nuage comme celle de son intime Charles Chappuis qui lui écrivait : « Il me semble que j'aurai toute ma Franche-Comté quand tu seras auprès de moi. »

Dès sa plus tendre enfance, Pasteur avait reçu de son père, le vieux soldat de l'Empire, l'inspiration du plus pur patriotisme, de l'amour le plus généreux de son pays : « O mon père, disait-il, en m'apprenant à lire, tu avais souci de m'apprendre la grandeur de la France. » Il écrivait un jour dans sa modestie : « J'ignore beaucoup de choses, mais ce que je sais pertinemment, c'est que j'aime ma patrie et que je l'ai servie de toutes mes forces. » Il ne s'est jamais départi de ces sentiments.

Il suffisait, nous raconte son historien si connu, Vallery-Radot, qu'il entendît les mots de Patrie et de Drapeau pour être ému jusqu'au fond de l'âme. Qui ne sait la fière dignité, le superbe dédain avec lequel il rejeta un jour les distinctions honorifiques qui lui venaient de la dure main du vainqueur.

Mais ce qui a été un des traits les plus caractéristiques de son existence, c'est la sincérité, la droiture et la constance dans ses convictions philosophiques et religieuses. « Est-ce à dire, écrivait-il un jour, que dans mon for intérieur et dans la conduite de ma vie, je ne tienne compte que de la science acquise ? je le voudrais que je ne le pourrais, car il faudrait me dépouiller d'une partie de moi-même. »

Spiritualiste et chrétien, le grand savant a donné sans le chercher, dans sa vie et dans son œuvre, une preuve que la science et la foi ne sont pas incompatibles ni opposées l'une à l'autre comme on l'a souvent prétendu. Bien qu'ayant évidemment un domaine distinct dans leur objet et dans leur méthode, elles sont toutes deux filles de Dieu et cheminent parallèlement, se prêtant un mutuel concours pour le perfectionnement de la raison humaine et le bonheur des peuples. C'est ainsi que Pasteur l'a toujours entendu.

« Le positivisme, disait-il dans son célèbre discours à l'Académie, ne tient pas compte de la plus importante des notions positives, celle de l'Infini. Quand cette notion s'empare de l'entendement, il n'y a qu'à se prosterner. »

7

Et ailleurs : « Ce sont là les sources vives des grandes pensées et des grandes actions, toutes s'éclairent au reflet de l'Infini. »

On a vu parfois le grand Newton, lorsqu'il parlait du mouvement et de l'harmonie des mondes dans les immensités de l'espace, se découvrir comme saisi soudain d'admiration à la pensée de la majesté de Dieu. Ainsi Pasteur ne pouvait se défendre d'une émotion profonde lorsque, dans ses investigations à travers le monde incommensurable, lui aussi, des infiniment petits, il lui arrivait de toucher à l'action créatrice de Dieu et aux sources mystérieuses de la vie. C'est sous l'empire de cette pensée qu'il s'écriait, à propos de ses admirables recherches sur les prétendues générations spontanées : « Dieu veuille que, par les plus persévérants travaux, j'apporte une petite pierre à l'édifice si frêle et si mal assuré de nos connaissances sur ces profonds mystères de la vie et de la mort, où naguère notre raison à tous s'est abîmée si tristement. »

Dans sa laborieuse jeunesse d'étudiant, il faisait ses délices, de livres — ce sont ses paroles — « où l'on respire à chaque page un parfum religieux qui élève et ennoblit l'âme ».

Au soir de sa vie, sous les grands ombrages de Villeneuve-l'Etang, il aimait à se faire lire la vie de saint Vincent de Paul, avec lequel la bonté de son cœur trouvait je ne sais quelle affinité, et, quand vint l'heure suprême, fortifié par les derniers sacrements, il expira tenant dans sa main le petit crucifix où il avait longtemps contemplé et souvent porté à ses lèvres l'image du Sauveur.

Messieurs, quelle belle vie, n'est-ce pas ! Eh bien ! qu'il me soit permis de le dire en terminant : la source de tant de nobles sentiments et de si grandes œuvres, elle est là où s'élaborent ici-bas toutes les meilleures et les plus saintes choses, elle a été pour Pasteur dans ce petit foyer familial bien modeste, mais si honnête et si religieux, où il s'est pénétré dès son enfance de l'amour du travail et de la passion du devoir.

Lorsqu'eut lieu à Dole l'inauguration solennelle de la plaque commémorative de sa maison paternelle, il l'a rappelé en ces paroles émouvantes, interrompues par ses larmes : « Oh ! mon père et ma mère ! oh ! mes chers disparus ! qui avez si modestement vécu dans cette petite maison, c'est à vous que je dois tout. Tes enthousiasmes, ma vaillante mère, tu les as fait passer en moi. Si j'ai toujours associé à la grandeur de la science la grandeur de la Patrie, c'est que j'étais imprégné des sentiments que tu m'as toujours inspirés. Et toi, mon cher père, dont la vie fut aussi rude que ton rude métier, tu m'as montré ce que peut la patience dans de longs efforts. Regarder en haut, apprendre au-delà, chercher à s'élever toujours dans le bien, voilà ce que tu m'as enseigné. »

Gardons, Messieurs, ces nobles paroles, elles sont un précieux héritage pour l'honorable famille de Pasteur, si dignement représentée en ce moment, à cette cérémonie. Elles sont pour tous un salutaire engagement.

Plaise à Dieu que la grande mémoire que nous fêtons aujourd'hui avec une unanimité si touchante, nous élève un jour plus haut que nos divisions et nos erreurs, et nous unisse dans un commun désir du bien et dans une même foi.

Ainsi soit-il.

X. GUICHARD.

DISCOURS

PRONONCÉS EN PRÉSENCE DU MONUMENT

À

L'INAUGURATION

DISCOURS DE M. RUFFIER

Président du Comité

Mesdames, Messieurs,

Deux grandes journées auront éclairé de vives lueurs les dernières années de mon humble existence, en même temps qu'elles en auront adouci les tristesses et les amertumes, compagnes inséparables de la vieillesse.

La première est celle du 27 décembre 1892, où, dans le palais de la Sorbonne, fut célébré le 70e et glorieux anniversaire du grand savant, la fête du Jubilé, et où j'eus l'insigne honneur de représenter sa ville natale.

Quelle inoubliable fête, où l'entrée de Pasteur au bras du chef de l'Etat fut accueillie dans une superbe et frénétique ovation par les représentants du Gouvernement, par les représentants de l'Institut, de l'Université, des grandes Écoles, de l'Association des étudiants, par les savants du monde entier, par ses disciples et la foule de ses admirateurs!

Et quelle magnifique assemblée, où tous les cœurs vibraient d'une même pensée, où un seul nom était sur toutes les lèvres, où orateurs, hommes d'Etat, savants français et étrangers, qui exaltèrent, avec les accents de la plus noble éloquence, les découvertes et les bienfaits dus à l'homme de génie, furent salués par de puissantes et unanimes acclamations, par des tonnerres d'applaudissements !

Les témoins de cette matinée du 27 décembre 1892 ont éprouvé une des joies les plus profondes et les plus généreuses de leur vie.

La seconde journée est celle-ci, où, malgré mes vieux ans, malgré une longue et douloureuse maladie qui les a bien avancés, j'aurai pu remettre aux mains de mes concitoyens, ce monument de la glorification du plus illustre enfant de la cité.

Si, dans un élan généreux, les Dolois ont pris l'initiative de cette œuvre, ils ont trouvé dans les disciples de Pasteur répandus sur toute la surface du globe, dans tous les Instituts, dans toutes les Académies, comme dans toutes les classes les plus élevées et les plus modestes de la société, ils ont trouvé, dis-je, de fervents auxiliaires, dont l'offrande a dépassé toutes nos espérances et nous a permis d'élever au maître un monument digne de lui, digne de ses immortels travaux.

Quoi de plus imposant que cette manifestation de l'admiration universelle !

L'éloge de Pasteur n'est plus à faire : vouloir l'entreprendre serait, de la part d'un profane tel que moi, un acte d'imprudence et de témérité.

Pourtant, j'ai le devoir de constater que la gloire de Pasteur éclate dans l'élévation de son caractère, comme dans la valeur de ses œuvres qui laisseront dans la science une trace lumineuse, profonde et ineffaçable.

Grâce aux conséquences sans cesse renouvelées de ces précieuses découvertes, et de la loi féconde qui s'en dégage, le maître se survit à lui-même ; car c'est le privilège des génies créateurs de jeter une semence qui, même après leur mort, donne chaque jour de nouveaux fruits.

Et quel génie fut plus créateur que celui qui reçoit aujourd'hui notre hommage ?

On n'est plus à compter les applications de ses savantes théories, tant dans le domaine économique que dans le monde médical. Sans parler des richesses matérielles préservées de la destruction, les innombrables vies humaines arrachées à la mort attestent avec une puissante éloquence les bienfaits de la méthode pastorienne, et vérifient la justesse du principe sur lequel elle repose.

Aussi Pasteur a-t-il eu la rare fortune de rallier à sa doctrine novatrice le suffrage de tous les princes de la science, les plus habiles et les plus éclairés.

Les objections et les critiques, victorieusement réfutées, n'ont pu entamer ce granit indestructible, et Pasteur a fini par forcer le respect et la conviction de ceux-là mêmes qui avaient été ses adversaires et ses contradicteurs d'un jour.

Par sa haute probité scientifique, par le scrupule rigoureux qu'il apportait dans ses recherches, par l'admirable désintéressement qui présidait à son labeur infatigable, par son dévouement passionné à la science, qui allait jusqu'au sacrifice de sa santé, il a fait sur son nom l'union de tous les esprits, de toutes les consciences, et c'est là son plus éclatant triomphe.

Mais Pasteur n'était pas seulement un fervent serviteur des sciences expérimentales. Membre de l'Académie des Sciences, il voyait bientôt l'Académie française lui ouvrir ses portes, et nous avons gardé le souvenir du pur et exquis chef-d'œuvre que fut son discours de réception.

Et comment ne pas rappeler aussi cet autre magistral discours lu par son fils le jour de la merveilleuse apothéose de la Sorbonne ?

Là, dans une belle langue, chaude et enthousiaste, il donnait aux jeunes gens des conseils à la fois paternels et virils, qui peuvent se résumer en ces mots :

Travaillez ! Aimez la Patrie !

Certes, nul plus que Pasteur n'avait qualité pour formuler cette devise ; car nul plus que lui n'a donné à ses contemporains l'exemple du travail et du patriotisme.

Notre hommage doit s'adresser encore à la famille du maître, et en particulier à la noble femme qui fut la digne compagne de sa vie et le témoin constant de ses travaux.

Cette nouvelle apothéose lui montrera combien le nom de Pasteur est populaire dans la vieille cité qui l'a vu naître, et combien nous prisons haut l'honneur de pouvoir nous dire les concitoyens de l'homme de génie que la France revendique comme une des plus grandes gloires de la patrie.

Je dois remercier aussi MM. les Membres du gouvernement, M. le Ministre du Commerce, les représentants de l'administration, ceux de l'armée et ceux du clergé, les délégués des corps savants, les disciples et les admirateurs de Pasteur, tous ceux qui ont bien voulu répondre à notre appel et venir rehausser, par leur présence, l'éclat de cette cérémonie.

Il me reste à payer un juste tribut de louanges aux deux éminents artistes, dont l'heureuse inspiration aura immortalisé, par la pierre et par le bronze, la synthèse de l'œuvre à laquelle le maître a consacré près de quarante années de sa vie laborieuse et féconde.

La pierre, au profil élégant et sévère, est grandiose ; elle fait le plus grand honneur à l'architecte, Léon Chifflot, notre compatriote, l'un des jeunes maîtres de notre école de Rome, qui, dans un superbe bas-relief, a su si bien mettre en lumière les plus grandes et les plus belles découvertes de Pasteur.

Le constructeur Spinga, par le choix si consciencieux et si exceptionnel des matériaux, par leur habile disposition, par le fini du travail, mérite lui aussi tous les éloges.

Le bronze a obtenu de grands succès au Salon cette année.

Il faut féliciter le statuaire Antonin Carlès de la maîtrise avec laquelle il a évoqué, pour nous et nos descendants, les traits et la mâle physionomie de celui qui a mérité d'être appelé le grand citoyen et le grand bienfaiteur de l'univers.

Pourrais-je oublier M. l'architecte Bouveret, l'habile décorateur de nos fêtes publiques, dont le talent s'est surpassé cette fois dans la belle et élégante ordonnance du cours Saint-Mauris, et en a fait un cadre magistral pour la fête que nous célébrons ?

Monsieur le Maire,

Je remets entre vos mains ce glorieux monument, cette œuvre de l'admiration et de la reconnaissance du monde entier, due, je le répète, à l'initiative et au dévouement de vos concitoyens.

Conservez-le précieusement.

Il restera, pour les générations à venir, l'un des exemples les plus nobles et les plus purs des vertus domestiques et du labeur infatigable et persévérant qui fait les choses grandes et utiles, quand il s'inspire d'un profond amour pour la patrie, pour la science et pour l'humanité.

Ph. Ruffier.

DISCOURS DE M. RENAUD

Maire de la ville de Dole

Monsieur le Président du Comité,

Au nom de la ville de Dole, j'accepte avec reconnaissance le monument élevé à la mémoire de Louis Pasteur, et je vous adresse, ainsi qu'à vos collaborateurs, nos éloges et nos remerciements les plus sincères pour la part que vous avez prise à l'érection de cette œuvre immortelle.

Mesdames, Messieurs,

L'illustre savant mille fois glorifié en d'innombrables fêtes, à l'étranger comme en France, et dont les restes reposent aujourd'hui dans l'admirable crypte de la rue Dutot, est né le 27 décembre 1822, à quelques pas d'ici, dans l'humble maison de la rue des Tanneurs, aujourd'hui rue Pasteur, devant laquelle le passant s'arrête plein de respect et d'émotion.

Cette maison, Pasteur était venu la revoir le 14 juillet 1883, le jour où la municipalité doloise inaugurait la plaque commémorative de sa naissance. Porté triomphalement jusque-là par la foule avide de voir cet illustre compatriote, Pasteur voulut prononcer quelques paroles, reporter sur ses chers parents toute l'admiration, toute la reconnaissance dont il se sentait entouré. « Oh ! mon père et ma mère ! oh ! mes chers disparus, qui avez si modestement vécu dans cette petite maison, c'est à vous que je dois tout ! »

Mais les images qu'il évoquait apparurent si vivement à sa mémoire et les sentiments débordèrent si puissants de son cœur qu'il ne put continuer. Des sanglots entrecoupèrent sa voix, des larmes s'échappèrent de ses yeux ; son fils dut prendre les feuillets de son discours et donner lecture de ce texte où Pasteur remerciait et bénissait, en termes d'une simplicité vraiment touchante, sa mère, si vaillante et si enthousiaste, et son père, l'ancien soldat à l'esprit si noble et si fier, dont la vie, disait-il, avait été aussi rude que son rude métier. Ceux qui ont assisté à cette émouvante cérémonie et ont vu Pasteur pleurer devant cette maison qui lui rappelait tant de souvenirs à la fois si tendres et si douloureux, ont gardé de ce spectacle une impression ineffaçable.

Neuf ans après, lors de la splendide apothéose du 27 décembre 1892, après le défilé des délégués étrangers apportant au savant français l'hommage du monde civilisé, le maire de Dole, M. Ruffier, tenant en main le *fac-simile* de l'acte de naissance de Pasteur et la photographie de sa maison natale, à son tour lut au milieu d'un profond silence l'adresse de la ville de Dole à son illustre enfant ; l'impression fut si forte que Pasteur fondit en larmes ; la salle entière partagea son émotion, l'on vit tous les fronts s'inclinant et comme un frisson courir à travers l'assistance, tant était grande la sympathie qu'inspirait le savant, tant étaient restés puissants et vivaces chez cet homme, à l'intelligence merveilleuse, au cœur si bon et si sensible, les souvenirs de son pays, de son enfance, et de ceux à qui il attribuait tout son génie, toute sa gloire.

Pourquoi essaierais-je de retracer ici les travaux de notre illustre compatriote, les bénédictions de l'humanité reconnaissante affluant de toutes parts sur son nom, l'éclat incomparable que ses merveilleuses découvertes ont jeté sur la France ? Ce que j'ai voulu, ce que je voudrais en ce jour de fête intime, c'est montrer l'attachement touchant de Pasteur à notre vieille cité et l'émotion profonde qui l'étreignait toutes les fois qu'il revoyait le berceau de son enfance.

O Pasteur ! puisses-tu être satisfait des honneurs que te rendent tes concitoyens dans leur fierté, je dirais presque dans leur orgueil ; ils ont voulu t'avoir à eux, ils ont voulu pouvoir contempler à loisir, dans ce site paisible, ton visage grave et réfléchi, tes yeux songeurs dont le regard semble chercher encore, tout près d'ici, les images si chères qui entourèrent ton enfance ; ils ont voulu élever à la place d'honneur ton image glorieuse afin qu'elle répandît autour d'elle son influence bienfaisante.

N'est-ce pas ici, en effet, que nos petits-enfants s'arrêtant dans leurs jeux viendront écouter son histoire ? N'est-ce pas ici que les jours de repos, les jours de fête, le peuple dont tu est sorti, dont tu as été l'ami et le bienfaiteur, à qui tu as donné l'exemple du travail et de la persévérance, viendra te retrouver et te remercier de ce que tu as fait pour lui ? N'est-ce pas ici, enfin, qu'instinctivement l'étranger portera ses pas et viendra méditer sur ton œuvre grandiose, admirant pour ainsi dire à sa source même la gloire la plus pure et la plus bienfaisante qu'ait jamais produite la terre française ?

Permettez-moi, Monsieur le Ministre et cher compatriote, de vous remercier de l'honneur insigne que vous nous faites en présidant cette belle cérémonie. Je crois être l'interprète de tous mes concitoyens en vous assurant de leur entier dévouement, aussi bien que de leur attachement inébranlable à la République, à son gouvernement, à ses institutions. J'adresse aussi mes remerciements à MM. les délégués de M. le Ministre de l'Instruction publique, MM. Laronze et Lucien Paté, à M. le délégué de M. le Ministre de l'Agriculture, M. Chauveau, qui ont bien voulu rehausser par leur présence l'éclat de cette solennité ; à MM. les Académiciens, à MM. les Membres de l'Institut ; à tous les savants qui viennent apporter au grand homme qui vécut au milieu d'eux les hommages de la science.

J'apporte à Mme Pasteur, l'admirable compagne du grand savant, ainsi qu'à ses enfants, les hommages respectueux et profondément sympathiques de la ville de Dole.

Qu'il me soit permis de féliciter ici M. Vallery-Radot, l'auteur de la *Vie de Pasteur*, monument impérissable élevé à la mémoire de notre illustre compatriote.

Deux lignes de cet ouvrage m'ont particulièrement ému : ce sont celles que Pasteur a consacrées à mon père, l'instituteur de la ville d'Arbois, qui fut le premier maître de Pasteur. Je le remercie du fond du cœur de cette touchante attention.

J'adresse, au nom de la municipalité et de mes concitoyens, des éloges bien mérités à M. Carlès, l'artiste éminent qui, interprétant notre pensée, a su fixer à jamais par cette œuvre si forte et d'un intérêt si puissant, les traits immortels de ce génie bienfaisant qui, parti de notre ville, rayonne aujourd'hui sur le monde entier. Je n'oublie pas non plus M. Chifflot, enfant de Dole, l'architecte auteur de ce superbe piédestal, d'une harmonie si vraie, sur lequel s'élève glorieusement la statue de Pasteur. Tous mes remerciements enfin à M. Bouveret, l'architecte de la ville, qui s'est dévoué tout entier à cette œuvre, et à tous ceux qui avec lui ont contribué à embellir notre ville, à la parer de ses plus beaux atours pour recevoir dignement ceux qui sont venus apporter leurs hommages à Pasteur et célébrer avec nous la Fête du génie.

E. Renaud.

DISCOURS DE M. THUREAU-DANGIN

Directeur de l'Académie française

Messieurs,

Vous n'attendez pas de moi un discours sur l'œuvre de Pasteur ; un exposé de ses découvertes qui ont illuminé des parties mystérieuses de la science, révélé à l'homme les moyens de combattre les fléaux les plus redoutables, de faire reculer la maladie et la mort ; découvertes si fécondes qu'elles se continuent même après la mort de leur auteur, qu'aux mains, non seulement de ses disciples, mais des savants du monde entier qui se sont mis à son école, elles enfantent chaque jour quelque nouveau progrès, et que nul ne saurait, même en pensée, fixer une limite à cette prodigieuse fécondité. Mon dessein, en prenant la parole, est plus modeste. Répondant à la gracieuse invitation de votre municipalité, je viens, au nom de l'Académie française, m'associer à l'hommage que vous voulez rendre à votre glorieux concitoyen, et témoigner, une fois de plus, combien est chère à notre Compagnie la mémoire du grand savant, disons mieux, du grand homme qu'elle s'enorgueillit d'avoir compté parmi ses membres.

Beaucoup de villes élèvent, en ce moment, un monument à Pasteur. Toutes ne peuvent pas, comme vous, se réclamer d'un lien aussi proche avec l'illustre mort. Mais toutes sentent le besoin de manifester leur admiration et leur gratitude. Pasteur a mérité cet universel hommage. Il est bon que sa noble, pure et grave figure se dresse ainsi partout sur nos places publiques. Elle nous consolera de tant d'autres statues, trop souvent prodiguées à des personnages de notoriété médiocre ou suspecte. Et puis cette figure ne sera pas muette; elle apportera aux générations qui grandissent d'éloquents et salutaires enseignements.

Rares sont les grands hommes qu'on peut, sans réserve aucune, proposer comme modèles. Pasteur est de ce petit nombre. En lui pas une ombre, pas une tache. Tel il nous apparaît dans ce livre admirable et touchant où la main pieuse de l'un des siens le fait si fidèlement revivre et qui n'est pas le moindre des monuments élevés à sa gloire.

Un trait me frappe tout d'abord, qui rend la leçon de cette vie plus profitable et, pour ainsi parler, plus pratique. Les qualités de Pasteur, pour être portées à ce degré extraordinaire qui l'a mis hors de pair, n'en sont pas moins, de leur nature, si j'ose le dire, des qualités ordinaires et, par suite, plus facilement proposables à notre imitation. Ecolier, jeune homme, il ne se montre pas doué d'une de ces facilités prodigieuses et précoces qui éblouissent et déconcertent ; ses débuts sont modestes, laborieux, pénibles. Et, plus tard, quand il accomplit ses découvertes, est-ce par l'effet d'illuminations soudaines? Non, toute son œuvre n'est que l'application d'une méthode qui est à la portée de tous, qu'il ne se pique pas d'avoir inventée, et dont il fait honneur aux grands expérimentateurs des siècles passés. Seulement avec quelle sûreté et quelle maîtrise il en use ! Nul spectacle plus attachant, plus dramatique que celui de Pasteur aux prises avec ses expériences : audacieux dans le choix des problèmes auxquels il s'attaque, à ce point que ses amis s'en inquiètent et lui reprochent « de n'aimer que les questions insolubles » ; d'une imagination singulièrement entreprenante et divinatrice pour concevoir les hypothèses qui lui apparaissent comme les solutions possibles de ces problèmes ; mais, ensuite, contraignant cette imagination à se calmer, pour ne plus suivre que la voie lente et ardue de l'expérimentation; s'ingéniant à se contrôler, à se combattre soi-même, à ruiner ses propres expériences, revenant en arrière toutes les fois qu'il sent un point faible ; plein de scrupules, d'hésitation, de timidité tant qu'il n'est pas sûr d'avoir la preuve complète ; mais, quand il sait la posséder, y puisant une conviction souveraine, enthousiaste, qui domine toutes les contradictions, ose les affirmations, les prophéties les plus audacieuses, et risque ces défis solennels, ces appels aux expériences publiques où, devant les populations anxieuses, il joue, non sans émotion, mais sans peur, le va-tout de sa renommée de savant.

En Pasteur, à côté du savant qu'on admire, est l'homme de bien qu'on aime et qu'on vénère. Ce puissant esprit était en même temps une âme généreuse, délicate, bonne, très tendre sous des apparences graves et concentrées, très simple, presque naïve, un vrai « cœur d'enfant », a pu dire de lui l'un de ceux qui l'ont vu de plus près. Infiniment pitoyable aux faibles, aux petits, aux souffrants, il sentait son génie stimulé à la pensée de diminuer par ses travaux, les misères et les douleurs de l'humanité, ce qui lui faisait dire un jour : « Elle serait bien belle et utile à faire, cette part du cœur dans le progrès des sciences ». Il était, sans doute, ardent à la controverse ; les échos de l'Académie des Sciences et de l'Académie de Médecine ont longtemps retenti de ses véhémentes apostrophes et de ses implacables ripostes. Il y avait beaucoup de candeur dans cette impétuosité. Nul ressentiment de ce qui touchait sa personne : « Le savant, disait-il fièrement, doit s'inquiéter de ce qu'on dira de lui dans un siècle, non des injures ou des compliments du jour. » Nulle amertume non plus, nulle animosité contre la personne de ses adversaires, si rudement qu'il parût les malmener. Même en ses jours de triomphe, au milieu des ovations qui se multipliaient à la fin de sa vie, comme une réparation des attaques du début, il demeurait simple, modeste. Plus on le comblait de louanges publiques, plus il éprouvait le besoin de les reporter à ceux à qui il prétendait être redevable de ses succès, à ses maîtres, à ses humbles parents. N'est-ce pas dans votre ville, au jour de l'une de ses apothéoses, quand on posait, devant lui, une plaque commémorative sur la petite maison où il était né, que, ne pouvant contenir l'émotion reconnaissante dont son cœur de fils était rempli, il s'écriait : « Oh ! mon père et ma mère ! oh ! mes chers disparus, qui avez si modestement vécu dans cette petite maison, c'est à vous que je dois tout ! »

Je ne donnerais de Pasteur qu'une idée incomplète et inexacte si j'omettais de signaler chez lui un autre trait qui me paraît, à l'heure présente surtout, particulièrement digne de remarque. Ce grand savant a eu le mérite de savoir reconnaître les limites de la science. Nul n'a plus ardemment que lui aimé cette science, réclamé avec plus de fermeté l'indépendance souveraine à laquelle elle a droit dans son domaine, célébré plus fièrement ses conquêtes et ses bienfaits ; nul n'a eu plus foi dans sa puissance ; nul n'aurait été plus fondé à ressentir l'orgueil de cette puissance ; c'est pourtant ce même homme qui a proclamé qu'il existe tout un ordre de problèmes capitaux, intéressant le plus l'origine, la destinée et la vie morale de l'homme, qui sont hors et au-dessus du domaine de cette science expérimentale ; que celle-ci est impuissante à résoudre, et qu'elle n'a pas le droit, à raison de cette impuissance, de déclarer insolubles, inexistants ou négligeables. Religieux par tradition et par sentiment, Pasteur estimait avoir, sur ces problèmes, des lumières qui lui venaient d'autres foyers que ses connaissances scientifiques. Il croyait à la divine impulsion qui a formé l'univers, à l'immortalité de l'âme, à l'efficacité de la prière ; témoignait de sa répugnance pour les négations orgueilleuses ou les ironies stériles, et donnait sa préférence à « l'homme de sentiment qui, disait-il, pleure ses enfants qui ne sont plus ; qui ne peut, hélas ! prouver qu'il les reverra, mais qui le croit et l'espère, qui ne veut pas mourir comme un vibrion ». Appelé, en une occasion solennelle, devant les plus éminents représentants du monde de la pensée, à s'expliquer sur le positivisme, il répudiait hautement ses principes ; il lui reprochait « de ne pas tenir compte de la plus importante des notions positives, celle de l'infini », qu'il déclarait ailleurs être « la source éternelle de toute grandeur, de toute justice et de toute liberté » ; et il ajoutait : « L'idée de Dieu est une forme de l'idée de l'infini. » Vous ne vous étonnerez pas, Messieurs, que j'aie tenu à rappeler cette profession de foi si vous voulez bien vous souvenir qu'elle fut prononcée par Pasteur le jour de sa réception solennelle à l'Académie française. Par là, le grand savant n'a-t-il pas en quelque sorte remis à notre Académie le dépôt de ses convictions spiritualistes et ne lui a-t-il pas donné mission d'en rendre témoignage aux générations à venir ?

Il est enfin un dernier caractère de la figure de Pasteur que vous me reprocheriez d'omettre. Ce savant, absorbé par l'étude des lois générales du monde, n'en avait pas moins le souci constant des destinées du coin de ce monde qui était pour lui la patrie. Il était un ardent patriote. Fils d'un soldat de Napoléon, il avait reçu dans le sang cet amour jaloux et fier de la France que certains docteurs — à la vérité, peu en crédit dans vos pays de frontières — qualifient aujourd'hui de sentiment antiscientifique. Il est touchant de voir à quel point, dans la préparation de ses découvertes, il avait toujours la préoccupation du bien et de l'honneur qui devaient en résulter pour sa chère patrie. En 1868, atteint d'hémiplégie, se croyant frappé à mort, après avoir dicté à sa femme une dernière note pour l'Académie des Sciences, il disait à ceux qui l'entouraient : « Je regrette de mourir ; j'aurais voulu rendre plus de services à mon pays. » Le jour où, après l'angoisse de longues expériences, il se sentit enfin en possession d'une de ses plus importantes découvertes, celle du vaccin contre le charbon, remontant de son laboratoire à son appartement il dit aux siens, avec une émotion profonde : « Je ne me consolerais pas si cette découverte que nous avons faite, mes collaborateurs et moi, n'était pas une découverte française. » Plus tard, au comble de la gloire, ayant occasion de parler de ce qu'était la joie des découvertes acquises par de si laborieux tâtonnements, « l'une des plus grandes joies, disait-il, que puisse ressentir l'âme humaine », il ajoutait aussitôt : « La pensée que l'on contribuera à l'honneur de son pays rend cette joie plus profonde encore. Si la science n'a pas de patrie, l'homme de science doit en avoir une, et c'est à elle qu'il doit reporter l'influence que ses travaux peuvent avoir dans le monde. »

Aussi nul cœur n'avait saigné davantage à l'heure de nos grands revers, nul ne s'était senti plus déchiré par la mutilation du sol national. Telles avaient même été sa douleur et sa colère en face des excès de la force victorieuse, qu'il n'avait pu se contenir et avait lancé, jusqu'au-delà des frontières, un cri de vengeance. A défaut de vengeance, il voulut chercher, sur le terrain où il était maître, une revanche qui pansât quelque peu les blessures de son patriotisme : « J'ai la tête pleine des plus beaux projets de travaux, écrivait-il à l'un de ses disciples en mars 1871. La guerre a mis mon cerveau en jachère. Je suis prêt pour de nouvelles productions... Pauvre France, chère patrie, que ne puis-je contribuer à te relever de tes désastres ! »

Ce noble vœu n'a-t-il pas été exaucé et l'illustre savant n'a-t-il pas, comme il le désirait, contribué à nous relever de nos désastres ? Sa gloire, qui a rayonné hors de nos frontières et s'est imposée aux nations les plus réfractaires à admirer ce qui vient de notre pays, n'a-t-elle pas été la consolation de nos tristesses patriotiques ? N'avons-nous pas pu relever la tête avec quelque orgueil, en voyant que la France, naguère humiliée, se retrouvait, en la personne de Pasteur, honorée, bénie, acclamée par tous les peuples de la terre ?

THUREAU-DANGIN.

DISCOURS DE M. ROUX

Délégué de l'Académie des Sciences

Messieurs,

L'Académie des Sciences n'oublie pas que Pasteur est une de ses gloires et, chaque fois qu'un hommage est rendu à ce grand homme, elle tient à s'y associer. Elle m'a délégué pour la représenter à cette fête parce que je suis un élève du Maître et qu'ayant vécu dans son intimité, j'ai pu admirer de plus près son génie et apprécier une bonté de cœur dont j'ai souvent ressenti les effets.

Aucun autre lieu ne convenait mieux pour élever un monument à Pasteur que cette place ombragée, située à quelques pas de la maison où il est né et d'où le regard s'étend jusqu'au mont Poupet, sur lequel Pasteur fit, en 1860, les belles expériences qui ont tant contribué à fonder la science des microbes.

C'est une heureuse pensée qui a déterminé le choix de cet emplacement où le paysage même glorifie Pasteur en rappelant ses travaux.

Ce monument est le deuxième que les Francs-Comtois élèvent à Pasteur, pour témoigner leur reconnaissance à l'illustre compatriote qui avait un si vif amour de la province natale. Pasteur était attaché à la Franche-Comté par de profondes racines, par toute une suite d'humbles ancêtres, et il se sentait vraiment fils du terroir. D'ailleurs, on retrouvait en lui des traits de caractère qui ne sont pas rares chez vous : l'ardeur au travail et l'inlassable persévérance. Il les tenait de ses aïeux, défricheurs de terre, serfs du seigneur d'Udressier, devenus, à force de travail, libres citoyens de la ville de Salins. A son père, conscrit de 1811, soldat des guerres d'Espagne et de la campagne de France, il avait pris le bon sens et aussi cette humeur combative qui n'a pas nui au triomphe de sa doctrine. Mais, à tout cela, Pasteur joignait une vive imagination et une passion ardente sans lesquelles il ne fût pas devenu le génie rénovateur que nous admirons.

On croit volontiers que les régions de la science sont des régions toujours sereines, que le savant parcourt avec allégresse. Oui, la science nous apparaît calme et triomphante quand elle est faite ; mais la science en formation n'est que contradiction et tourment, espoir et déception. Aux passions des hommes ordinaires, les grands savants ajoutent la passion du vrai à un degré où elle procure bien des tribulations à ceux qu'elle possède. C'est pour cela qu'ils combattent entre eux, parfois si âprement ; mais leurs batailles ne laissent point de ruines, puisque la victoire profite autant au vaincu qu'au vainqueur. Pasteur, fondateur d'une science, a connu autant qu'aucun autre les soucis et la lutte ; plus qu'aucun autre, il a éprouvé la joie complète du succès. En effet, ses découvertes étaient de nature à satisfaire à la fois son esprit et son cœur. Leur importance, la manière rigoureuse dont elles sont démontrées forcent l'admiration ; leurs bienfaisantes conséquences soulèvent la reconnaissanee. Que de misères ont été prévenues par elles ! que de souffrances ont été épargnées ! que de vies ont été sauvées ! C'est là ce qui rendait Pasteur heureux et le payait de ses peines, car il était le plus humain et le meilleur des hommes. Ce caractère d'humanité existe à un si haut degré dans l'œuvre de Pasteur qu'elle l'a rendu le plus populaire des savants.

Chacun connaît ses travaux sur les fermentations, sur la vaccination charbonneuse, et tant qu'il y aura des brasseurs, des viticulteurs, des agriculteurs, leur pensée se tournera vers Pasteur. Qui donc ignore que Pasteur est parvenu à prévenir la rage ; que, grâce à lui, la chirurgie peut tenter avec succès les opérations les plus audacieuses et que la médecine sait enfin triompher de quelques-unes des maladies les plus redoutables ? Aussi, tant qu'il y aura des blessés et des malades, leur gratitude ira vers Pasteur.

La doctrine pastorienne pénètre partout pour modifier, de la manière la plus heureuse, nos habitudes et nos mœurs. Autrefois, à l'annonce d'une maladie contagieuse, la panique s'emparait des populations qui voyaient dans ces fléaux une sorte de châtiment divin que rien ne pouvait détourner d'elles. Aujourd'hui, la nouvelle que la peste et le choléra sévissent en Egypte, à quelques journées de notre pays, nous laisse tout à fait calmes, depuis que Pasteur nous a montré que les maladies contagieuses n'ont point une cause mystérieuse, qu'elles sont produites par des parasites microscopiques contre lesquels on peut se défendre.

Maintenant la notion des microbes domine l'hygiène. Notre grande préoccupation est de connaître l'habitat et les mœurs des infiniment petits et de savoir par quelle voie ils arrivent jusqu'à nous. Quand ces questions sont résolues, il en résulte des règles simples contre les contagions. Ainsi, le bacille de la fièvre typhoïde pénètre le plus souvent en nous avec l'eau de boisson, par conséquent nous l'éviterons en nous procurant des eaux pures. La peste bubonique se propage par les rats, elle est une maladie des rongeurs avant d'être une maladie de l'homme ; une des meilleures mesures contre la peste consistera donc à détruire les rats dans les pays menacés. Dans les contrées à malaria et à fièvre jaune, les moustiques transportent le mal de l'homme malade à l'homme sain ; nous échapperons donc à la malaria et à la fièvre jaune en nous préservant des moustiques. Rats et moustiques ont remplacé les génies épidémiques, auxquels croyaient nos pères.

Je pourrais multiplier ces exemples, où la défense contre la maladie découle avec précision des données microbiennes. Mais lorsque les voies, suivies par les microbes pour arriver jusqu'à nous, sont si obscures que nous ne les connaissons pas, ou si compliquées que nous ne pouvons les fermer toutes, la doctrine des germes nous a fourni d'autres ressources : d'abord celle des inoculations préventives qui rendent l'homme et les animaux réfractaires à la maladie ; ensuite, par un développement naturel, celle des sérums thérapeutiques qui guérissent ceux qui sont déjà atteints.

Les bienfaits de la science des microbes sont si évidents, leur importance sociale est si manifeste que les moyens préconisés par elle sont peu à peu inscrits dans les lois. Le temps n'est pas loin où nos Codes comprendront une partie bactériologique, et où Pasteur apparaîtra comme le plus bienfaisant des législateurs.

Les travaux de Pasteur ont amélioré les conditions de la vie humaine, non seulement en diminuant nos souffrances, mais aussi en augmentant nos ressources. Ils ont renouvelé les industries de la bière et du vin, celle de la laiterie et de la fromagerie, celle de la soie, et voici que la bactériologie s'essaye à perfectionner la plus ancienne de toutes les industries, l'agriculture. Les microbes, qui sont en quantités innombrables dans chaque parcelle du sol, élaborent les matières organiques de façon à les rendre assimilables par les plantes ; ils jouent un grand rôle dans la fertilité de la terre et on peut dire que, sans eux, elle ne porterait pas de récoltes. Ce sont eux, en effet, qui préparent les nitrates, aliments préférés des végétaux, et qui permettent à certains d'entre eux de puiser directement l'azote dans l'immense réservoir aérien.

C'est à peine si nous pouvons aujourd'hui entrevoir quelques-uns des perfectionnements que la science des microbes réserve à nos successeurs; mais nous pouvons affirmer qu'à mesure que les hommes deviendront plus instruits, leur admiration pour Pasteur ne fera que s'accroître.

La civilisation dans sa marche renversera bien des gloires qu'on avait crues solides, la gloire de Pasteur n'a rien à redouter du temps. J'imagine même que souvent, dans les siècles qui vont suivre, se renouvelleront, en son honneur, des cérémonies pareilles à celle d'aujourd'hui, et que des populations, devenues plus heureuses par le progrès de la science, célèbreront encore Pasteur comme un éternel bienfaiteur.

Dr Roux.

DISCOURS DE M. MOLLARD

Député de Dole

Mesdames, Messieurs,

Je ne puis me défendre d'une émotion profonde en prenant place à mon tour à cette tribune.

C'est en effet une bien redoutable mission que celle de prendre la parole après les hommes éminents qui par l'éclat de leur savoir et les services rendus sont l'honneur de ce pays, de la science et des lettres françaises.

Mais je ne saurais cependant oublier que, député, conseiller général, conseiller municipal, je suis trois fois l'élu de cette cité, et que je faillirais à mon devoir et à la confiance que mes concitoyens ont mise en moi, si je ne venais, en leur nom et au mien, apporter mon tribut d'hommages à celui qui restera l'éternelle gloire de la ville de Dole.

Je n'oublierai pas d'ailleurs que, dans cette mémorable journée, mon rôle doit être modeste, et je m'efforcerai de rester dans les limites étroites que le caractère de cette fête me commande et que je me suis assignées.

Mais, avant toute chose, qu'il me soit permis de m'adresser à la noble veuve de l'illustre mort, à ses enfants, aux membres de sa famille, dont certains me sont si chers par les souvenirs qu'ils évoquent en moi, et de leur dire que nous sommes heureux de les voir assister à la grandiose manifestation de ce jour et tous unis pour leur offrir l'expression de notre profond respect.

Puisse le spectacle de cette cité entièrement parée de fleurs, de verdure et ornée de milliers de drapeaux, puisse la vue de ce peuple en allégresse être, pour Mme Pasteur et les siens, le doux rayon de soleil qui fait, pour un instant, oublier les cruautés du destin et pénètre les cœurs de paix et de bonheur.

Messieurs,

Par la voix des représentants autorisés de la science, des lettres et des pouvoirs publics, la France glorifie aujourd'hui un de ses fils les plus illustres, le savant de génie dont le nom vivra à jamais dans la postérité et qui, par les immenses services rendus à l'humanité, a mérité la reconnaissance des peuples et rendu impérissable le nom de sa patrie.

Après Victor Hugo, Pasteur !

Dans le même siècle, le plus grand peut-être de l'histoire, la Franche-Comté offre à la France un tel trophée de gloire que jamais encore le monde n'en vit de pareil !

Pasteur et Victor Hugo ! Deux grandes âmes, deux puissants cerveaux unis par de mystérieuses affinités et allant à l'immortalité par la même voie d'amour et de suprême pitié pour les hommes.

Par eux, l'œuvre humanitaire accomplie est à ce point prodigieuse, démesurée et bienfaisante que, s'ils eussent vécu dans l'antiquité, ils eussent été élevés au rang des dieux.

Sans doute le champ d'action diffère, mais la grandeur incomparable des desseins est la même, et c'est dans un commun et noble idéal que Pasteur et Hugo puisent l'inspiration et la force d'un labeur quasi-surhumain.

Poète, écrivain, orateur, Victor Hugo est le chantre sublime de la justice, de la bonté, de la fraternité ; c'est l'impitoyable justicier de toutes les iniquités, et, pour défendre la cause des faibles, des opprimés, des humbles et des déshérités, il jette, durant trois quarts de siècle, en de magnifiques chefs-d'œuvre, à la face des puissants et des oppresseurs, le cri de révolte de la conscience humaine.

Homme de science, Pasteur emploie toutes les ressources de son merveilleux génie à dissiper les ténèbres obscures qui enveloppent l'art de guérir, et consacre une longue partie de sa vie à la recherche des moyens de protection contre la maladie, la souffrance et la mort.

Le poète fait vibrer la lyre des douleurs morales et met sur les plaies sociales le baume de l'espérance. Le savant cherche obstinément la clef de l'énigme d'où sortiront les moyens de garantir l'homme contre les multiples maux qui le frappent.

Entre ces deux esprits supérieurs il y a une admirable communauté de vues et d'efforts.

C'est une marche parallèle vers le bien, la même immuable volonté, le même colossal labeur pour léguer aux générations futures moins de souffrances et une plus grande somme de bonheur.

En face de tant de grandeur, que nos âmes s'élèvent et s'épanouissent, car tant que la patrie aura des Pasteur et des Victor Hugo, le nom de la France ne disparaîtra pas et sera béni des foules.

Et cet inéluctable arrêt du destin est la leçon cruelle donnée par l'immanente justice à ceux-là qui, il y a quelque trente ans, armés de la force triomphante, poussaient l'orgueil jusqu'à croire qu'il suffisait d'une épée brutale et victorieuse pour rayer du rang des nations cette France généreuse, dont la disparition serait un deuil éternel pour le droit et l'équité. Mais un projet aussi sacrilège ne pouvait s'accomplir, et alors qu'on le croyait à jamais écrasé, notre pays, poursuivant ses destinées, attestait une fois de plus sa puissance civilisatrice et sa grandeur en donnant à l'humanité ces deux noms immortels : Pasteur et Victor Hugo.

Quel peuple et quel siècle ont jamais autant fait à la fois pour le monde ! Si ces deux gloires sont bien le patrimoine commun et sacré de la patrie et si tous les français ont le droit d'en tirer un juste orgueil, il est un coin de terre, celui qui fut le berceau de ces grands hommes, où, plus qu'ailleurs, on doit religieusement entretenir le culte de leur mémoire. Et c'est pour accomplir ce pieux devoir que Dole a revêtu une splendide parure de fête, et qu'elle élève aujourd'hui sur la plus belle de ses places un monument destiné à perpétuer les traits de Louis Pasteur et à être pour nos jeunes concitoyens un perpétuel exemple.

Ce que fut Pasteur, homme de science, des voix éloquentes vous l'ont dit tout à l'heure avec un savoir, une beauté de langage et une élévation de pensées que je ne saurais atteindre.

Et cependant, nul plus que moi n'a suivi avec autant de passion et d'enthousiasme les admirables travaux de l'illustre mort.

Non pas seulement parce que, chimiste, je ne pouvais rester étranger à de géniales recherches d'où jaillissaient sans cesse de merveilleuses et soudaines clartés, mais surtout parce que, dès le début de mes études, je fus, pour ainsi dire, imprégné de l'admiration sans bornes que professait pour Pasteur son beau-frère Loir, l'ancien et savant doyen de la Faculté des Sciences de Lyon, qui fut pour moi le meilleur et le plus vénéré des maîtres.

Et si j'ai gardé pour ce maître respecté une si vive reconnaissance, ce n'est point uniquement pour l'affection qu'il me témoigna sans cesse, mais aussi parce que je lui dois une extrême gratitude d'avoir fixé mon attention sur les travaux de Pasteur, fait apercevoir la constante genèse d'idées nouvelles qui s'en dégageait, et de m'avoir ainsi amené à suivre pas à pas et à comprendre l'admirable révolution scientifique dont notre époque a été témoin et qui a déjà donné d'incalculables bienfaits.

Pourquoi ne suis-je pas une de ces voix autorisées que l'on écoute avec respect et que vous venez d'applaudir ? avec quel bonheur je me fusse rappelé à moi-même et efforcé de retracer fidèlement à vos esprits le souvenir des discussions mémorables, d'un caractère parfois épique, que Pasteur soutint avec sa lumineuse dialectique et sa logique impitoyable devant les Académies ou les Congrès, et d'où sortirent une à une, triomphantes et incontestées, les découvertes dont il a enrichi la science et son pays !

Mais une tâche pareille me ferait sortir de mon rôle.

Laissez-moi cependant retenir de l'œuvre du Maître cette constatation si souvent proclamée, que Pasteur restera comme un modèle d'expérimentateur, et que sans l'extraordinaire précision que lui suggéraient son esprit subtil et son amour de la vérité, peut-être attendrions-nous encore les immenses bienfaits dûs à ses inspirations géniales.

Enfin, comment ne pas répéter une fois de plus à la gloire du Maître que sa longue et si laborieuse carrière n'a été qu'une constante et victorieuse lutte contre les fléaux, jusque-là invincibles, qui, à travers les âges, ont jeté la terreur, l'épouvante et la mort.

Celui qui accomplit une tâche si prodigieuse était fils du peuple, et sa vie tout entière glorifie ses origines et témoigne des vertus de sa race.

Il est bien de son siècle, mieux encore de son temps, et la démocratie travailleuse peut le revendiquer pour un des siens; car pas une minute de son existence qui n'ait été vouée au labeur, pas une de ses pensées qui n'ait eu le bien des hommes pour objectif.

Il n'est point jusqu'aux vertus du citoyen qui ne soient une synthèse vivante de celles de ce peuple dont il est issu, et à qui toujours il a conservé les tendresses de son âme et de son cœur.

Et pour ceux qui l'approchaient et le pouvaient juger, combien cette âme apparaissait tendre, compatissante ! combien le cœur était bon et ouvert à l'universelle pitié !

Il faut lire et méditer les admirables pages écrites avec un art exquis par une main filiale pour connaître la vie intime de Pasteur, apprécier la générosité de son caractère et la noblesse de ses sentiments.

Ce fils de soldat, dont l'enfance avait été bercée des échos tumultueux de l'épopée impériale, qui, plus tard, avait assisté aux heures sombres et tragiques de l'année terrible, savait les hideurs effroyables des hécatombes humaines; et cet ardent patriote, qui mourut inconsolé des malheurs de sa patrie, fut un artisan de paix et se donna tout entier à une œuvre de vie.

Longtemps il obligea la mort à reculer et à abandonner les innocentes victimes qui, jusque-là, avaient appartenu sans conteste à l'impitoyable faucheuse; mais celle-ci guettait sa revanche, et, dans l'après-midi d'un jour de septembre, elle fit sa sinistre besogne, et, comme Victor Hugo, qui l'avait précédé dans la tombe, Pasteur, porté par la gratitude des humains, alla doucement dans l'immortalité.

Tu n'es plus, ô Maître ! mais ton œuvre est de celles qui ne périssent point ; elle sera continuée par tes fidèles disciples, et, à travers les âges, les peuples ne cesseront de se souvenir et d'adresser à ta mémoire des hymnes d'actions de grâces.

Gloire à toi, ô fils de notre vaillante terre franc-comtoise ! gloire à toi dont la grandeur ajoute à celle de la patrie un incomparableéclat et qui fus ici-bas un des meilleurs serviteurs de la science et du progrès humain ! Oui, gloire à toi, car ton nom sera à jamais béni dans le monde et, avec lui, celui de la France.

MOLLARD.

DISCOURS DE M. LE Dr BILLON

Délégué de la Société des Médecins du Jura

Messieurs,

Au nom de la Société des Médecins du Jura, dont Pasteur a été pendant de longues années le président d'honneur, je viens apporter au pied de ce monument l'hommage de notre admiration et de notre reconnaissance.

C'est dans la science médicale que Pasteur a le plus profondément marqué son empreinte de géant ; et ce sont les médecins qui ont le plus de motifs d'élever la voix dans le chœur universel d'actions de grâces qui montent vers le bienfaiteur de l'humanité. L'Humanité déçue dans ses espoirs, flétrie par la souffrance, accablée par l'agonie de ses enfants, cette Humanité que le génie d'un artiste en qui palpite un grand cœur nous a si vigoureusement évoquée, n'est-ce pas nous, médecins, qui avions la responsabilité de sa santé, et qui portions comme un remords le poids de notre impuissance à la guérir ?

Depuis ses origines, la médecine cheminait à tâtons, cachant sous des théories éphémères son ignorance des causes intimes et des processus morbides, lorsque Pasteur est venu déchirer le voile qui nous cachait le mystère et nous montrer, en une aurore éblouissante, les premiers rayons des clartés qui vont s'irradiant sur tous les champs de la Science.

Combien est vraie cette parole de son pieux historiographe : « Pasteur a été le plus grand révolutionnaire que la médecine ait jamais connu. » Ce fut en effet un bouleversement radical que jeta dans la médecine cette notion des infiniment petits, si lumineuse et si féconde.

Plus heureux que le docteur Faust, épuisant en vain ses forces dans la recherche du secret de la vie et du bonheur, Pasteur a fait jaillir de son cerveau puissant l'étincelle qui devait illuminer les ténèbres de la pathologie et susciter les découvertes régénératrices.

Il a ainsi créé une religion scientifique nouvelle, fondée sur des bases inébranlables, étayée de dogmes bien définis. Et l'on peut dire avec assurance qu'elle est indestructible, la nouvelle doctrine, propagée aux confins du monde par cette admirable phalange de disciples qui s'en vont, modestes et sublimes, porter au-delà des océans la parole rédemptrice de l'humanité.

O Pasteur ! créateur génial, maître incomparable, quelle joie doit être la tienne, du haut des régions élyséennes où plane ton âme immortelle, en contemplant cette pléiade d'élèves illustres en qui revit ta pensée, et qui nous font entrevoir, en des perspectives d'espoirs illimités, l'âge d'or d'une humanité régénérée ! Et quelle fierté pour nous d'associer à ton nom, en ce jour de gloire, les noms de tes fidèles disciples, Duclaux, Chamberland, Nocard, Metchnikoff, Grancher, Chantemesse, Yersin, et le plus glorieux de tous, celui que les mères, agenouillées au pied des berceaux, ne prononcent qu'avec des larmes de reconnaissance, le docteur Roux !

Dans une seule vie d'homme, quelle œuvre gigantesque et solidement édifiée, et quels horizons entr'ouverts sur l'avenir ! Par delà les siècles, la morsure impitoyable du temps pourra réduire en poussière ce monument de pierre et de bronze, mais l'œuvre et le nom de Pasteur se perpétueront à travers les âges, montrant aux générations futures ce que peut le labeur opiniâtre mis au service du génie.

Dans les temps plus proches de nous, nous aimerons à venir rêver au pied de ce monument, au milieu de ce berceau de verdure, où doit flotter un peu de l'âme modeste de celui que nous célébrons, en face de ces montagnes du Jura qu'il a tant aimées.

Et dans cette atmosphère de beauté morale et de probité scientifique, nous apprendrons à nos enfants qu'en dehors de ses impérissables découvertes, il fut grand par le cœur et par l'esprit, celui qui prononça un jour ces paroles mémorables :

« Heureux qui porte en soi un dieu, un idéal de beauté et qui lui obéit : idéal de l'art, idéal de la science, idéal de la patrie, idéal des vertus de l'Evangile ! Ce sont là les sources vives des grandes pensées et des grandes actions. Toutes s'éclairent des reflets de l'Infini. »

C'est que Pasteur eut la chance de conserver inébranlable, dans son âme robuste de Franc-Comtois, l'idée consolatrice de l'au-delà, plus nécessaire encore dans la vie de luttes et de découragements du savant que dans toute autre carrière. Aux heures d'amertume qui ne lui ont pas manqué, au milieu de ses recherches affolantes, dans l'œuvre formidable et si complexe qui a rempli son existence, il lui a fallu, pour résister à tant d'angoisses, un idéal et un soutien. Son idéal, c'étaient ses idées philosophiques et religieuses, qui restèrent sereines et immuables. Son soutien, ce fut l'admirable compagne de sa vie, la confidente de ses travaux, que nous sommes heureux de saluer aujourd'hui de notre respect et de notre vénération, en l'associant à l'apothéose de notre glorieux compatriote.

O Pasteur ! réformateur sublime de la Science humaine, gardien scrupuleux de l'Idéal divin, c'est tout à la fois ton œuvre de savant et ton âme de sage que nous acclamons en ce jour de fête, au pied de ce monument que le monde entier t'a élevé comme un symbole de gloire et d'immortalité.

Dr Billon.

POÉSIE DE M. LUCIEN PATÉ

Délégué du Ministère de l'Instruction publique

Pasteur ! Ce nom s'écrit en lettres de lumière !
Heureuse la cité qu'il protège et défend,
Qui sur son Livre obscur l'inscrivit la première,
Sans se douter qu'un jour sa maternité fière
Le verrait resplendir sur son seuil triomphant !

Pasteur ! ce nom rayonne aujourd'hui sur les choses !
Celui qui l'a porté rentre immortel vainqueur,
Et les vieux murs dolois se couronnent de roses ;
Et dans l'emportement qu'ont les apothéoses
Tous les cœurs vont à lui battant comme un seul cœur !

Ils vont à lui, joyeux, pressés ; mais l'allégresse
Se fond en piété pour fêter son retour ;
Au bronze fraternel que l'air natal caresse
Chacun veut apporter son tribut de tendresse
Et l'admiration se fait sœur de l'amour !

Ils lui disent : Oh ! viens ! Reconnais la demeure
Où ta mère a jeté le cri d'enfantement ;
Où ton père, soldat qu'un vol de gloire effleure,
Se consolait par toi des tristesses de l'heure...
Ne t'en souvient-il pas, toi, leur fils bien-aimant ?

Oh ! si ! Car tu pleurais en les nommant naguère,
Ceux que tes yeux cherchaient et ne retrouvaient plus !
Et nous, nous la gardons à nos cœurs, douce et chère,
Comme un diamant pur que nul souffle n'altère,
Cette larme d'un fils à ses chers disparus !

O larme de Pasteur ! tu nous montres son âme !
C'est toi le vrai miroir en qui nous la voyons.
Oui, le maître immortel que l'univers acclame
Eut la flamme divine au front ; mais cette flamme,
C'est du fond de son cœur qu'en montaient les rayons !

Certes, pour lire au fond des plus sombres abîmes,
Son œil portait plus loin qu'aucun regard humain ;
Mais, dans ces profondeurs dont il faisait des cimes,
La seule ambition de ses efforts sublimes,
C'était d'en ressortir un bienfait dans la main !

Dans ses derniers replis il forçait la nature ;
L'infiniment petit, dont l'empire est si grand,
Lui livrait ses secrets, sa vie et sa structure ;
Et prompt à l'action sans peur de l'aventure,
Cet homme avait en lui l'âme d'un conquérant.

Non de ces conquérants, voleurs de territoires,
Dont la gloire est au prix des larmes et du sang ;
Dont les mères en deuil détestent les victoires ;
Météores ardents semés de taches noires,
Qu'on peut bien admirer, mais en les maudissant ;

Non ; mais un conquérant porteur d'un nouveau monde,
Relevant l'espérance et démasquant le sort ;
Gouvernant à son gré cet empire qu'il fonde,
Et, dans l'expansion de son œuvre féconde,
Commandant à la vie et vainqueur de la mort !

Son peuple était le peuple invisible des graines,
Des germes, des ferments tout chargés de poison,
Tout cet amas subtil, ô terre ! que tu traînes ;
Et les virus domptés, dans ses mains souveraines,
Devenaient, à son ordre, agents de guérison !

Sa taille se dressait contre ces noirs génies :
La Peste, les Charbons, les Choléras affreux ;
Son esprit pressentait d'étranges harmonies...
Et les mères chantaient ses victoires bénies
Sur ces fléaux surpris de se combattre entre eux !

Génie audacieux que la raison domine,
Ouvrant vers l'infini son vol d'aigle éployé,
Eclairant ce qu'il voit par ce qu'il imagine,
Au grand Sphinx éternel qui lui disait : Devine !
Il montrait les humains et suppliait : Pitié !

Pitié ! belle Pitié ! C'est toi, fleur de la terre,
Qui prêtes au Génie un charme qui nous prend,
Et fraîchement éclose en un coin de mystère,
Mêles un parfum tendre à la Science austère :
C'est toi, douce Pitié, qui l'as fait deux fois grand !

Ouvre ton pur calice autour de ses statues,
Pasteur doit être aimé tout autant qu'admiré.
Autant que des honneurs, des grâces lui sont dues :
Voix de la gratitude, hymnes de blanc vêtues,
Autour de lui, montez, formez un chœur sacré !

Qu'il élève toujours son calme et beau visage
Dans ce nuage bleu des encens attendris !
Que les enfants de France aient au cœur son image !
Toute cité s'honore en lui rendant hommage :
Que Paris suive Dole, et le monde Paris !

Paris, qui va demain lui donner une place
A deux pas du cercueil où dort Napoléon,
Sans craindre pour sa gloire une ombre qui l'efface,
Et pour que le regard de l'étranger qui passe
Aille, tout ébloui, de l'un à l'autre nom !

Ainsi toute âme au monde en restera frappée :
Deux sommets si divers voisins sous le ciel bleu !
Ainsi l'humble soldat de la grande Epopée
Sentira sur son flanc frémir sa vieille épée
A voir son fils si grand faire face à son dieu !

Lucien PATÉ.

DISCOURS DE M. LE Dr GAGEY

Au nom du Corps médical de Dole.

Mesdames, Messieurs,

En 1857, un des maîtres de la chirurgie française, le professeur Nélaton, venait de perdre plusieurs opérés ; dans une leçon clinique, il nous relatait ces cas malheureux et, déplorant l'impuissance de la Science, il prononça cette phrase que je n'ai pas oubliée : « A qui empêchera les plaies de suppurer, on élèvera une statue en or. » Vers 1870, les vœux de Nélaton étaient exaucés. Le grand chirurgien anglais Lister, s'inspirant des découvertes à peine ébauchées de Pasteur, jeta les bases de l'antisepsie. L'infection était vaincue, les plaies guérissent vite et facilement grâce aux nouveaux pansements ; les opérations les plus graves peuvent être pratiquées presque sans danger pour les patients. Il faut avoir vécu dans les hôpitaux, les grands centres de misères humaines, il y a 40 ans, et y retourner aujourd'hui pour juger la révolution qui s'est opérée pendant ce laps de temps, et on reste surpris quand on songe que cette diminution de la souffrance provient de la découverte d'un seul homme !

Là ne s'arrête pas le mérite de Pasteur ; il combat avec succès la rage, le charbon, et son génie vivifiant se répand sur ses collaborateurs : Roux triomphe de la diphtérie, Yersin de la peste, Calmette du venin des serpents, Nocard du tétanos, et nous sommes en droit d'espérer que bientôt nous aurons le sérum de la tuberculose et de toutes les maladies infectieuses.

Si, dans le monde entier, les mères qui doivent à Pasteur la conservation de leurs enfants, si tous les malades et blessés qu'il a arrachés à la mort, si tous les médecins qui lui doivent leur succès, si tous les industriels et les agriculteurs qui lui doivent leur fortune nous avaient apporté leur obole, certes nous aurions pu élever à Pasteur une statue en or ; mais si nous n'avons pu lui élever qu'une statue de bronze, qui fait le plus grand honneur à son auteur, nous entourerons son nom de tant de respect, nous garderons si pieusement sa mémoire, que sa grande ombre ne regrettera pas la statue en or.

Dr GAGEY.

DISCOURS DE M. BRENET

Président de l'Association des Etudiants de Besançon

Messieurs,

Il semblera peut-être téméraire que nous prenions la parole aujourd'hui, alors que tant d'autres voix plus autorisées ou plus aimées, en tout cas plus justement et plus impatiemment attendues, se sont fait entendre. Mais nous avons cru de notre devoir d'apporter, nous aussi, l'hommage de notre respectueuse reconnaissance et de notre profonde admiration pour l'illustre savant que fête la ville de Dole ; tout en parlant au nom de l'Association générale des Etudiants de Besançon, dont Pasteur fut le président d'honneur, nous pensons aussi répondre aux vœux et aux sentiments de toute la jeunesse universitaire à qui Pasteur témoigna toujours une si vive sympathie.

Quand nous nous hasardâmes à demander à Pasteur son patronage, nous n'osions pas trop espérer qu'il s'intéresserait à une modeste Association d'étudiants de province ; nous comptions à peine qu'il trouverait le temps matériel de nous répondre. Heureuse et touchante surprise : le savant couvert de gloire nous remercie de lui rappeler sa patrie franc-comtoise et son séjour au collège royal de Besançon, et de lui donner l'occasion d'assurer ceux qu'il appelle ses jeunes camarades de ses « sentiments de bonne confraternité ».

En maintes circonstances, il se trouva en rapport avec les étudiants, justifiant chaque fois cette parole qu'il avait prononcée devant l'Association de Paris : « C'est une de mes vertus d'avoir toujours aimé la jeunesse. »

A cette jeunesse des écoles qui l'entourait de son affectueuse vénération, il sut donner les exemples et les conseils nécessaires : il l'a souvent mise en garde contre le scepticisme dénigrant et stérile, montrant par sa vie, enseignant par sa parole, que l'activité est la loi de ce monde et qu'aux lumières du génie doit s'ajouter un labeur opiniâtre. Ce n'est pas tout de travailler pour soi, ce n'est pas tout encore de travailler pour sa patrie : nous ne serons véritablement hommes que si nous sentons les liens étroits qui nous unissent les uns aux autres et si, chacun dans la mesure de ses forces, nous remplissons les devoirs qui nous incombent à cet égard. « Le plus grand bonheur que l'on puisse éprouver, disait-il aux étudiants qui célébraient son jubilé, c'est de penser qu'on a contribué en quelque chose au progrès et au bien de l'humanité. »

Il a relégué au rang des antiquités la thérapeutique qui guérissait la rage par le fer et par le feu ; il espérait de même que bientôt disparaîtrait à jamais la vieille politique. On s'en voudrait de ne pas citer les propres paroles du Maître : « Vous m'apportez, disait-il en s'adressant aux délégués des Universités étrangères, vous m'apportez la joie la plus profonde que puisse éprouver un homme qui croit invinciblement que la science et la paix triompheront de l'ignorance et de la guerre, que les peuples s'entendront non pour détruire, mais pour édifier, et que l'avenir appartiendra à ceux qui auront le plus fait pour l'humanité souffrante. »

De telles leçons de solidarité et de fraternité porteront, tôt ou tard, nous l'espérons fermement, leurs fruits nécessaires. L'Association générale des Etudiants de Besançon considérera toujours comme une de ses gloires les plus chères le patronage d'un génie si généreux ; elle gardera précieusement et fièrement à la première page de ses Annales le nom de celui qu'en tout respect on put appeler avec Chevreul, le Doyen des Etudiants de France.

Brenet.

DISCOURS DE M. CHAINTRE

Président de la Société d'Agriculture de Dole

Monsieur le Ministre,
Mesdames, Messieurs,

Ce n'est pas sans une profonde émotion que je prends la parole dans cette solennité qui est l'apothéose d'une des plus pures gloires de la France et de notre vieille cité doloise.

Il faut être enfant de Dole pour sentir son cœur battre d'un légitime orgueil, en contemplant cette grandiose et imposante manifestation en l'honneur et à la mémoire de notre compatriote, Louis Pasteur, un bienfaiteur de l'humanité, dont la vie, les travaux et les merveilleuses découvertes viennent de vous être magistralement exposés dans des discours qui ont été longuement applaudis.

Aussi, je ne viendrai pas, après que des voix beaucoup plus autorisées que la mienne vous ont dit ce qu'a été Pasteur, quelle a été son œuvre, vous soustraire par de pâles redites à l'impression que nous avons tous ressentie.

Je viens seulement, au nom des vétérinaires et des agriculteurs de notre pays, que j'ai l'insigne honneur de représenter aujourd'hui, apporter aux pieds de l'immortel Dolois, l'hommage de leur reconnaissance :

Celle des vétérinaires, pour ses travaux sur les maladies contagieuses, la découverte de leurs germes, des infiniment petits, des bacilles en un mot ; du rôle qu'ils jouent dans la transmission de ces maladies ; et la faculté que quelques-uns possèdent, les bactéries du charbon notamment, de conserver pendant des années, dans les cadavres enfouis en terre, leur pouvoir contagifère ; et, après ce long temps, étant remontés à la surface du sol, par les lombrics ou verres de terre, ou par toute autre cause, contaminer d'autres animaux, leur communiquer la maladie charbonneuse, à laquelle ils succombent fatalement ;

Ensuite, pour les résultats qu'il obtint des cultures qu'il fit de différents virus, ceux de la rage et du charbon, entr'autres, arriver, en atténuant leur virulence, à la transformer en vaccins, qui, inoculés soit à l'homme, soit aux animaux, les préservent des atteintes mortelles de ces terribles maladies;

Celle des agriculteurs, auxquels il a évité, par la pratique de mesures sanitaires que ses découvertes ont fait édicter, ainsi que par l'emploi de la vaccination pastorienne, une partie des pertes énormes que ces maladies leur causaient, et qui se chiffraient, chaque année, pour la France, par des millions.

Hommage donc à Pasteur, pour son incessant labeur et ses immenses découvertes !

Hommage à Pasteur, pour son dévouement si grand et si désintéressé !

Et qu'il reçoive ici le tribut de notre admiration et de notre profonde reconnaissance.

CHAINTRE.

DISCOURS DE M. LE Dr CHALLAN DE BELVAL

Délégué de l'Association des Francs-Comtois de Marseille

Messieurs,

L'*Union franc-comtoise* des Bouches-du-Rhône, dont le Président d'honneur est le général Metzinger, m'a donné mission de la représenter dans la nouvelle apothéose qui consacre l'immortalité de Pasteur.

Mes compatriotes, toujours fiers de dire partout leurs séculaires traditions et leurs gloires, entendent affirmer leur droit à revendiquer, comme étant de leur race, la plupart des hommes qui, dans ce siècle, ont émerveillé le monde, autant par leur génie que parce qu'ils avaient, dans le cœur, ce sentiment de l'honneur qui est l'idéal de la conscience dans le sublime accomplissement du devoir.

Après Cuvier, Bichat, Moncey, Lecourbe, Victor Hugo et tant d'autres qui, pendant ce seul XIXe siècle, se sont illustrés dans les arts et dans les sciences autant que par leur héroïque dévouement à la Patrie, ils ne pouvaient, assurément, pour légitimer leur orgueil, rencontrer plus illustre que Pasteur.

Ils peuvent dire, en effet, que leur immortel compatriote leur a révélé le monde des infiniment petits ; que tout en reconnaissant son impuissance à dévoiler les mystères de la vie et de la mort autrement que par la révélation, il leur a montré ces infiniment petits, qui sont eux-mêmes le divin secret, provoquent et président les fermentations d'où viennent la mort et la vie ; qu'il leur a signalé l'action incessante, bonne ou mauvaise, de ces véritables maîtres du monde, et fait ainsi, de la médecine empirique et décevante des temps passés, la consolation scientifique des temps modernes ; qu'il a magistralement affirmé, pour son école et ses successeurs, sous les conditions de réserve et de prudence qui furent toujours la ligne absolue de sa conduite scientifique, le droit à des recherches, à des expériences scrupuleusement contrôlées, d'où proviennent, le plus souvent, les plus efficaces ressources de la thérapeutique.

Ils peuvent, ainsi, hautement déclarer que leur immortel compatriote a, par dessus tout, mérité d'être qualifié le bienfaiteur de l'humanité.

Ils veulent dire aussi, Messieurs, que Pasteur n'a pas hésité, dans toute la simplicité caractéristique des grands de l'esprit, d'affirmer hautement sa foi religieuse ; de montrer à tous que le catholicisme, sans rien abandonner ni de sa doctrine ni de son dogme, se prête, sans conteste, aux plus féconds développements de la science ; que le génie n'est pas la téméraire inconscience du scrupule, et qu'il peut, sans dérogation, sans indifférence ni scepticisme, s'incliner devant le mystère de la création et de la mort, de nos origines et de nos destinées.

Aussi bien, écoutez-le, reprenant et complétant la définition du positivisme matérialiste de Littré par une ferme déclaration du positivisme de l'infini, dont l'idéal est Dieu, dont la dignité humaine, la liberté, l'égalité et la fraternité sont les inéluctables conséquences, qui met le surnaturel dans la raison autant que dans le cœur, et qui les incline, l'une et l'autre, dans l'enthousiasme de l'adoration.

Voyez-le, mesurant la grandeur des actions humaines à l'inspiration qui les fait naître, et s'écriant dans tout l'élan de son âme : « Heureux qui porte en soi un Dieu et qui lui obéit ; heureux qui a dans le cœur l'idéal de la beauté, de l'art et de la science, l'idéal de la Patrie et de l'Evangile. Il a, en lui, les sources vives des grandes pensées, des grandes actions, toutes éclairées des reflets de l'Infini. »

Messieurs, Pasteur, fils d'un brave soldat devenu l'honnête et vaillant ouvrier, fils d'une mère toute remplie du saint enthousiasme qui fait les hommes, époux d'une noble femme que je salue respectueusement ici, Pasteur devait être, et fut en effet, l'austère scrutateur de la vérité scientifique, pour qui la Vérité vient de Dieu. C'est ainsi qu'il devint, à notre époque, le plus grand bienfaiteur des Arts, de la Science et de l'Humanité. Partout et toujours, dans toute la dignité de son caractère, il a voulu la grandeur de la Science associée à la grandeur de la Patrie.

Ses compatriotes ont le droit de le dire : Avec Victor Hugo, le sublime poète, avec Pasteur, le bienfaiteur de l'humanité, la Franche-Comté a donné à la France les deux génies du XIXe siècle. Elle en est fière et son orgueil est légitime. Elle veut se rappeler aussi que Pasteur, ayant au cœur le culte du foyer paternel, avait adopté la devise : Avec Dieu, pour la Science, pour la France et pour l'Humanité.

Cette devise, les Francs-Comtois veulent la garder et mériter ainsi d'être, à leur tour, utiles à la Science, à la France et à l'Humanité.

Que Dieu, Messieurs, protège notre Franche-Comté, et lui accorde la gloire de produire encore un Louis Pasteur !

Dr CHALLAN DE BELVAL.

DISCOURS DE M. TROUILLOT

Ministre du Commerce, de l'Industrie, des Postes et Télégraphes, Président de la Cérémonie

---

Messieurs,

Après Paris, où mourut Pasteur, et où, pendant un demi-siècle, se poursuivirent les merveilleux travaux et les admirables découvertes de son génie ; après la ville d'Arbois, qui fut le berceau de sa famille, et où, jusqu'aux dernières heures d'une vie traversée par tant de luttes scientifiques ardentes, il venait chercher le repos de ses fatigues et le recueillement de sa pensée, la cité natale de Pasteur apporte à son tour son hommage au plus illustre de ses enfants.

Le ministre chargé d'associer à cet hommage le gouvernement de la République n'a plus, aujourd'hui, à faire l'histoire du savant immortel vers lequel monte l'universelle reconnaissance, et dont l'image de marbre ou de bronze durera moins longtemps que les bienfaits. Des discours d'une éloquence incomparable ont raconté les étapes de ce surprenant enchaînement de conquêtes par lesquelles Pasteur, de l'étude de la matière inerte, s'est élevé, dans le domaine physiologique, aux problèmes qui intéressent le plus directement la santé humaine et a éclairé d'une vive lumière jusqu'aux secrets les plus profonds de la vie.

Cette histoire est aujourd'hui écrite ; elle est dès maintenant gravée dans la mémoire de tous ; elle a été rappelée, dans cette cérémonie même, avec une haute autorité. Mais il est permis au ministre franc-comtois, à qui revient l'honneur de présider cette fête, de dire avec quelle fierté cette vieille province, qui célébrera dans quelques jours, à Besançon, le centenaire de Victor Hugo, élève aujourd'hui à Dole ce monument à la gloire de Pasteur ; et combien elle se réjouit de la rencontre qui lui permet de rappeler coup sur coup qu'elle a donné naissance aux deux plus grands hommes qui aient, durant le siècle écoulé, dans les lettres et dans la science, soulevé l'admiration du monde.

De ces deux génies, celui sans doute qui appartient à la Franche-Comté d'une façon plus étroite, c'est Pasteur ; c'est en lui que nous retrouvons plus complètement les qualités de clarté, de méthode, de patience, de persévérance, qui tiennent, pour ainsi dire, au terroir même et qui sont le propre de la race. Lorsqu'en 1874, Paul Bert fut chargé à l'Assemblée nationale du rapport sur le projet de loi tendant à accorder à Pasteur une récompense au nom de la nation, il mettait en relief ces qualités maîtresses dans des lignes saisissantes. Après avoir constaté que les découvertes de Pasteur sur la fermentation et le mode d'apparition des êtres microscopiques avaient révolutionné certaines branches de l'industrie, de l'agriculture, de la pathologie, il écrivait : « On est frappé d'admiration en voyant que tant de résultats, et si divers, procèdent, par un enchaînement de faits suivis pas à pas, d'études théoriques sur la manière dont l'acide tartrique dévie la lumière polarisée. Jamais le mot fameux : « Le Génie c'est la patience, » n'a reçu une aussi éclatante confirmation. »

C'est encore un signe frappant de la race franc-comtoise, que le caractère pratique donné par Pasteur à des recherches de pure science, auxquelles il n'a jamais permis de sommeiller, dans l'unique domaine de la spéculation et de la théorie. On vient de voir Paul Bert signaler la « révolution » causée par notre illustre compatriote dans certaines branches de l'industrie, et s'il appartenait au représentant du ministre de l'instruction publique de dire le lustre éclatant que doit à ses découvertes la science française, il est du rôle du ministre du commerce de constater que la France n'en a pas seulement récolté la gloire.

C'est à près de deux milliards que se sont élevées, en vingt années, les pertes subies par la sériciculture, avant l'intervention de Pasteur dans la recherche de la maladie des vers à soie. Qui calculera la dette de millions qu'ont contractée vis-à-vis de lui les producteurs de vin, les fabricants de vinaigre et de bière, les pays d'élevage ravagés par le charbon, et la somme de prospérité matérielle dont son laborieux effort, avec un désintéressement qui est un autre aspect admirable de cette grande figure, a enrichi sa patrie ?

Rien de curieux à retrouver comme la genèse des études par lesquelles il a sauvé l'une de nos industries nationales les plus renommées et les plus fructueuses. Toute la région de la France qui tire ses ressources de la culture des vers à soie, se mourait en quelque sorte de détresse ; les plantations de ces mûriers qu'on appelait jusque-là l'*arbre d'or*, étaient délaissées. Une maladie étrange s'attaquait aux œufs, aux vers, aux chrysalides, aux papillons, et la ruine se faisait d'autant plus douloureuse que les populations, après avoir senti l'impuissance de tous les remèdes, se voyaient décidément désarmées devant une sorte de fléau mystérieux et implacable. On propose à Pasteur de diriger de ce côté ses recherches et d'étudier le moyen de venir en aide à une situation désespérée. Son premier mouvement est la surprise : « Considérez, je vous prie, que je n'ai jamais touché un ver à soie ». Mais on lui montre l'étendue du désastre et des misères à soulager ; il écrit : « Disposez de moi ». Et quelques années plus tard, en 1869, après de longs tâtonnements, un effort inlassable de patiente énergie, une lutte incessante contre les résistances passionnées du préjugé, de l'ignorance et de l'intérêt, l'heure arrivait où il pouvait écrire, sur un ton de certitude désormais vérifiée et inattaquable : « Je me suis rendu maître de la vérité. »

Il semble que cet incident de la vie de Pasteur nous le révèle tout entier. On le voit à l'origine se défiant de lui-même, puis entraîné au travail autant par la générosité de son cœur que par la curiosité toujours en éveil de son esprit ; on le retrouve avec sa sûreté de méthode infaillible, avec son surprenant mélange d'imagination audacieuse et de persévérante observation ; tout cela aboutissant, après une continuité admirable d'expériences et de méditations, à une victoire remportée pour l'amour de la science et dont d'autres que lui-même recueillaient le profit.

C'est dans des conditions identiques qu'il entreprend ses recherches sur les ferments des vins et des bières et qu'il démontre comment, par la destruction des organismes morbides, étrangers à ces liquides, on peut arriver à les protéger contre des altérations qui les rendent nuisibles ou en dénaturent les propriétés. Et c'est vraiment le patriote qui doublait ici le savant dans ses recherches. C'était l'enfant d'Arbois, préoccupé de maintenir aux vignobles jurassiens les qualités qu'ils doivent à leurs plants et à leur sol, qui entreprenait d'y propager des procédés de fabrication irréprochables. C'était le Français, soucieux d'affranchir son pays du tribut à l'étranger, qui s'attachait à étudier la préparation des bières, à purifier les levures et à mettre nos brasseurs en état de lutter victorieusement contre la concurrence d'Outre-Rhin.

C'est ainsi que, sans relâche, et ne cessant de répandre l'idée de ce qu'il appelait la collaboration nécessaire du laboratoire et de l'usine, il fit successivement des sériciculteurs du Midi, des industriels du Nord, des vinaigriers d'Orléans, des négociants en vins de toute la France, les bénéficiaires de ses travaux.

Cette même alliance du patriotisme et de la science apparaît dans ses merveilleuses études sur le charbon, qui devaient l'engager bientôt dans la voie des découvertes qui ont transformé les méthodes de la médecine et de la chirurgie, et auxquelles on doit le salut de tant de vies humaines. Au milieu de l'explosion d'enthousiasme provoquée par les résultats de la vaccination charbonneuse et par l'aperçu des horizons inattendus alors ouverts à la science, on voit Pasteur traduire ainsi ce qui reste sa préoccupation dominante : « Je ne me consolerais pas si cette découverte que nous avons faite, mes collaborateurs et moi, n'était pas une découverte française. »

Mais si le passage de pareils hommes est une gloire pour leur pays, c'est pour l'humanité entière qu'il est un bienfait.

Qu'est la vie de Pasteur, sinon d'un bout à l'autre une lutte incessante contre la mort et le mal ? Et cette lutte a été victorieuse. Dans cette bataille de tous les instants entre un cerveau humain et les forces de destruction qui nous menacent, c'est la mort et le mal qui ont reculé.

A l'inauguration de cet Institut qui a été comme le couronnement scientifique de sa vie, assisté de ceux qui appliquent aujourd'hui ses méthodes et prolongent en quelque sorte son œuvre, entouré des êtres chers que nous voyons présents à la glorification de son génie, Pasteur posait cette question qui contient tout le problème de l'avenir :

« Deux lois contraires semblent aujourd'hui en lutte : une loi de sang et de mort qui imagine chaque jour de nouveaux moyens de combat, et une loi de paix, de travail, de salut, qui ne songe qu'à délivrer l'homme des fléaux qui l'assiègent.

« L'une ne cherche que les conquêtes violentes, l'autre que le soulagement de l'humanité. Celle-ci met une vie humaine au-dessus de toutes les victoires ; celle-là sacrifierait des centaines de mille existences à l'ambition d'un seul. La loi dont nous sommes les instruments cherche même, à travers le carnage, à guérir les maux sanglants de cette loi de guerre. Les pansements inspirés par nos méthodes antiseptiques peuvent préserver des milliers de soldats. Laquelle de ces deux lois l'emportera sur l'autre ?... »

C'est l'œuvre de Pasteur qui nous donne la réponse. La loi la plus forte, celle qu'il nous a montrée triomphante dans l'ordre matériel et qui doit l'emporter de même dans l'organisme social, c'est la loi de la vie.

La France a rompu à tout jamais avec les régimes qui pouvaient consentir à sacrifier par centaines de mille les vies humaines à l'égoïsme d'un seul ; uniquement armée pour la défense de son territoire et de ses droits, elle tend toute l'ardeur de ses efforts vers l'amélioration de la condition humaine, et le pays de Pasteur se montre digne de sa mémoire et fidèle à ses leçons, quand il affirme sa foi dans le triomphe définitif des idées de paix, de solidarité et de justice.

TROUILLOT.

GLOIRE A PASTEUR !

(CANTATE)

PAROLES DE ERNEST FIGUREY — MUSIQUE DE EMILE RATEZ

A Madame Louis Pasteur,
A la Famille Pasteur.

(Chœur) Gloire à Pasteur ! Son nom, dans tous les âges,
Resplendira prestigieux.
En tous pays, sous tous les cieux,
Et jusqu'aux plus lointains rivages,
L'Humanité salue en lui son bienfaiteur.
Gloire à Pasteur !

Fut-il jamais Gloire plus pure
Que la tienne ? ô maître ouvrier !
Rude et génial pionnier,
Tu fis, de la forêt obscure,
Jaillir les secrets merveilleux
Qui se dérobaient à nos yeux.

Certe, en ton labeur formidable,
Tu t'es taillé, puissant chercheur,
Un monument à ta hauteur
Plus imposant et plus durable
Que le granit de Pharaon
Et le marbre du Parthénon !

Vois, ton œuvre est par tous bénie.
Grâce à toi, le fléau dompté
Recule, en sa marche arrêté ;
La Médecine, rajeunie
Par ton souffle rénovateur,
Adopte ton *Sérum* vainqueur.

Qui donc n'est pas ton tributaire ?
Chacun se réclame de toi ;
Partout on applique la loi
Préservatrice et tutélaire,
Le principe sauveur, fécond,
Dont tu fus l'immortel Colomb.

Ce fut un jour inoubliable,
Lorsqu'à tes soixante-dix ans,
Tu pus voir les plus grands savants,
Offrir, — spectacle incomparable ! —
En une ovation sans fin,
Les hommages du genre humain.

(*Chœur*) Gloire à Pasteur ! etc...

Tu fus grand par le cœur comme par le génie.
Tu nous léguas le plus superbe enseignement
Par tes vertus, par la dignité de ta vie
Et par ton généreux désintéressement.
Car on ne t'a point vu chercher en la Science
Un champ de lucre. Enfin nous n'oublierons jamais
Que ton cœur patriote a battu pour la France
Et que le grand savant était un bon Français.

Sept villes autrefois se disputaient Homère ;
L'Univers aujourd'hui revendique Pasteur ;
Sur tous les points du Globe on voit surgir de terre
Monuments, Instituts fondés en ton honneur.
Mais tu nous appartiens et ta cité natale,
Dole, à qui ton nom jette un reflet de splendeur,
Garde jalousement, contre toute rivale,
Le droit de s'appeler le berceau de Pasteur.

(*Chœur*) Gloire à Pasteur ! etc.

Besançon a Victor Hugo, — Dole a Pasteur.
Titans majestueux, d'une austère grandeur,
L'un, de la Poésie, atteignit jusqu'aux cimes,
L'autre, de la Science, explora les abîmes,
Tous deux surhumains et sublimes !
Toi, qui leur as donné le jour,
Franche-Comté, féconde mère,
Sois doublement heureuse et fière.....
Et dans la même apothéose, avec amour,
Acclamés par la France entière,
Confonds, aujourd'hui, triomphants,
Tes deux plus illustres enfants !

Paris, 31 mars 1902.

Ernest FIGUREY.

POÉSIES

Composées à l'occasion des Fêtes du 3 Août

HOMMAGE A DOLE

I

Dole, voilà ton fils : ici surgit cette âme ;
Là, sous un humble toit, naquit ce bienfaiteur
Du monde, cet esprit puissant et créateur
Et que l'ardente idée échauffa de sa flamme ;

Qu'elle emporta, rempli de foi, sur la hauteur
Où la Vérité parle et se fait la Réclame,
D'où, dessillant les yeux leurrés par le dictame,
Il montra le remède et fut triomphateur.

Heureuse tu le mets sur un socle de gloire
Maternel, consacrant ses traits et sa mémoire
Dans ce Cours, des enfants, des mères visité

Sans cesse : il sera là comme en un sanctuaire,
Sous les arbres courbant leur dôme séculaire,
Gardé par la Science et par l'Humanité !

II

Or, dans le même instant, noble mont Pentélique,
L'Allemagne en tes flancs taille un bloc colossal,
Et le façonne en un superbe piédestal,
Pour porter l'effigie altière et la relique

Glorieuse d'un très célèbre général :
Berlin le dressera sur sa place publique
La plus belle, aux accords vibrants de la musique
Guerrière et des échos du canon triomphal.

Mais la Fortune change et la Force ne fonde
Rien qui puisse durer à jamais en ce monde :
O justice immanente et temps réparateur !

Et votre œuvre, de Moltke, illustre capitaine,
Aura sa décadence, ou prochaine ou lointaine :
La tienne ira toujours grandissant, ô Pasteur !

Amédée DEPRAT.

Fontaine-Ecu-Besançon, juillet 1902.

SONNET A PASTEUR

« Laisse à Dole, si fière, aujourd'hui, de ta gloire,
« O Pasteur ! dont le nom, parmi tous respecté,
« Est entré radieux dans l'immortalité,
« Laisse à Dole le soin d'honorer ta mémoire. »

Ah ! jamais conquérant, après une victoire,
N'a vu plus pur hommage, à ses pieds apporté,
Que par nous au savant, dont, partout exalté,
Le génie a grandi son pays dans l'histoire.

« Plutôt que d'imiter nos modernes Titans,
« Tu réchauffas ton cœur à la divine flamme
« D'où sortit l'auréole entourant tes vieux ans.

« Sois loué d'avoir fui les souillures de l'âme,
« Loué de ton amour pour la Patrie en pleurs,
« Béni d'avoir vaincu d'effroyables douleurs. »

E. J.

Dole, 3 août 1902.

DOLE A PASTEUR

A MM. les Membres du Comité
du Monument Pasteur.

Mets tes atours de fête, élève tes portiques,
Fais flotter tes drapeaux, ô ma vieille cité !
En l'honneur du plus grand parmi les pacifiques,
Entré vivant déjà dans l'immortalité.

Devant ton front d'airain aux lignes magnifiques,
Qu'un jeune Phidias pour nous tous a sculpté,
Aujourd'hui vibreront les accents harmoniques
Qui clameront ton nom, génie incontesté.

Plus haut que les héros des vastes épopées,
Dont la gloire toujours s'accompagne de deuil,
De l'Univers entier, Pasteur, tu fais l'orgueil.

Aussi, sommes-nous fiers, loin du bruit des épées,
De consacrer ta gloire, et, sur le haut pavois,
De placer ton image, enfant du sol dolois !

Paul Pitol-Belin.

Dole, 3 août 1902.

LA FÊTE DE PASTEUR

Pièce de vers lue au banquet de l'Association des Anciens Elèves du Collège de l'Arc, le 21 Septembre 1902

Peut-être est-il bien tard pour en parler encore.
Sur elle, en peu de temps, le silence s'est fait.
Jamais la même fleur ne peut deux fois éclore ;
Quand elle se flétrit, le parfum disparaît.

D'ailleurs on a tout dit sur le glorieux Maître.
Après Thureau-Dangin et Roux, Ruffier, Billon,
Paté, Guichard,... j'en passe et des meilleurs peut-être,
C'est vouloir à de l'or ajouter du billon.

Et pourtant ce serait chose bien délectable
De le revoir encor, ce tableau merveilleux,
Fût-ce en instantané, ce cadre inoubliable
Etalé le trois août de l'an mil neuf cent deux.

Par un heureux accord, l'affreuse politique
S'adoucit tout à coup ; la presse aux mille voix
Suspendit quelque temps son âpre polémique,
Et l'union régna pour la première fois.

Quelle ardeur à briguer de tous côtés en France
L'honneur d'une harangue auprès du monument !
Il fallut endiguer ces torrents d'éloquence ;
Le jour n'eût pu suffire à leur écoulement.

Ce fut un beau tournoi de chants et de paroles,
Un brillant défilé sans fin parmi les fleurs,
Une profusion de mâts, de banderolles,
Un luxe invraisemblable, inouï, de couleurs.

Honneur à vous, femmes Doloises,
Dont l'admirable dévouement
A décoré splendidement
Pauvres réduits, maisons bourgeoises !

Vous avez su mettre partout
Dans vos festons de clématites,
De glycines, de marguerites,
Cette élégance et ce bon goût
Tant renommés chez les Gauloises.
Honneur à vous, femmes Doloises !

Honneur à vous, belles Doloises !
A façonner ces beaux bouquets
Vous fatiguiez vos doigts coquets,
Lourds des rubis et des turquoises.
Videz vos ateliers charmants :
Le jour approche ; aimables fées,
Achevez vite vos trophées
De perles et de diamants.
Elite des beautés comtoises,
Honneur à vous, belles Doloises !

Bravo ! les petites Doloises !
Aux petits bras ronds potelés,
Dont les petits doigts fuselés
Et rosés comme les framboises,
Ont fabriqué par gros ballots
De si gracieuses merveilles :
Guirlandes, écussons, corbeilles,
Roses, bluets, coquelicots,
Que jalousaient nos villageoises.
Bravo ! les petites Doloises !

Mais pourquoi ces apprêts ? pour qui tant de splendeur ?
Qui vient nous visiter ? Un prince ? un empereur ?
Non : c'est pour honorer la vertu bienfaisante,
C'est pour fêter son fils, le grand et doux Pasteur,
Que Dole a revêtu sa robe éblouissante.
Jamais cité n'offrit coup d'œil plus enchanteur.

Ce fut un beau spectacle où l'élu de la fête,
Calme dans sa grandeur, le front illuminé,
Sur son haut piédestal, debout comme un prophète
Que contemple à ses pieds le peuple prosterné,

Abaissant ses regards vers cette foule immense,
Sur tous les fronts émus put lire : élans du cœur,
Joie, admiration, respect, reconnaissance,
Tout ce que l'âme humaine enferme de meilleur.

Le bronze alors sembla prendre une vie intense,
Une larme couler lentement de ses yeux,
Et sa lèvre, que clot un éternel silence,
S'ouvrir et murmurer des mots mystérieux ;

De ces mots attendris d'outre-tombe sans doute,
Que le cœur seul devine et seul inspire un Dieu ;
Langue infiniment douce à celui qui l'écoute,
Et qu'apprend le mourant à son dernier adieu.

Il disait : « Oh ! merci, merci, Dole ma mère ;
Merci pour tant d'honneurs et tant de piété ;
Ton fils est trop heureux de ce qu'il a pu faire
Pour toi, pour notre France et pour l'humanité. »

Qui de nous vit jamais concours plus populaire,
Entrain plus unanime et peuple plus heureux ?
Quand l'ouvrier modeste et le haut dignitaire
Se souvinrent-ils moins qu'ils différaient entr'eux ?

On prétend qu'à l'aspect d'une pauvre bergère
Jadis un conquérant féroce recula.
Palladium sacré que tout humain révère,
Pasteur nous sauverait d'un nouvel Attila.

Vienne un soldat brutal, affamé de carnage,
Porter chez nous la flamme et le fer destructeur ;
La voix du chef barbare à sa horde sauvage
Criera : Ne touchons pas au berceau de Pasteur !

Debout toujours parmi tant d'œuvres éphémères,
Que ce beau monument des âges respecté
Soit à jamais pour nous, nos enfants et leurs mères,
Un symbole de paix, d'amour et de bonté !

RICHENET.

Dole, 21 septembre 1902.

TABLE DES MATIÈRES

Le Comité des fêtes Pasteur a tenu à perpétuer le souvenir des brillantes solennités qui ont eu lieu le 3 août 1902. Telle est l'origine de cet opuscule. La rédaction en a été confiée à M. Richenet, professeur honoraire, agrégé de l'Université.

Le volume est sorti des presses de M. Courbe-Rouzet, imprimeur à Dole.

DOLE. — LITHOGRAPHIE ET TYPOGRAPHIE COURBE-ROUZET

www.ingramcontent.com/pod-product-compliance
Ingram Content Group UK Ltd.
Pitfield, Milton Keynes, MK11 3LW, UK
UKHW020148220726
13923UKWH00001B/430